私に天使が舞い降りた！
TV アニメ公式ファンブック

私に天使が舞い降りた！

# CONTENTS

## Chapter 1 CHARACTER

## Chapter 2 STORY

## Chapter 3 INTERVIEW

### CAST INTERVIEW

### STAFF INTERVIEW

## Chapter 4 GALLERY

Chapter 1

# CHARACTER

「私はずっと
あの家にいるから！
いつでも来てね！」

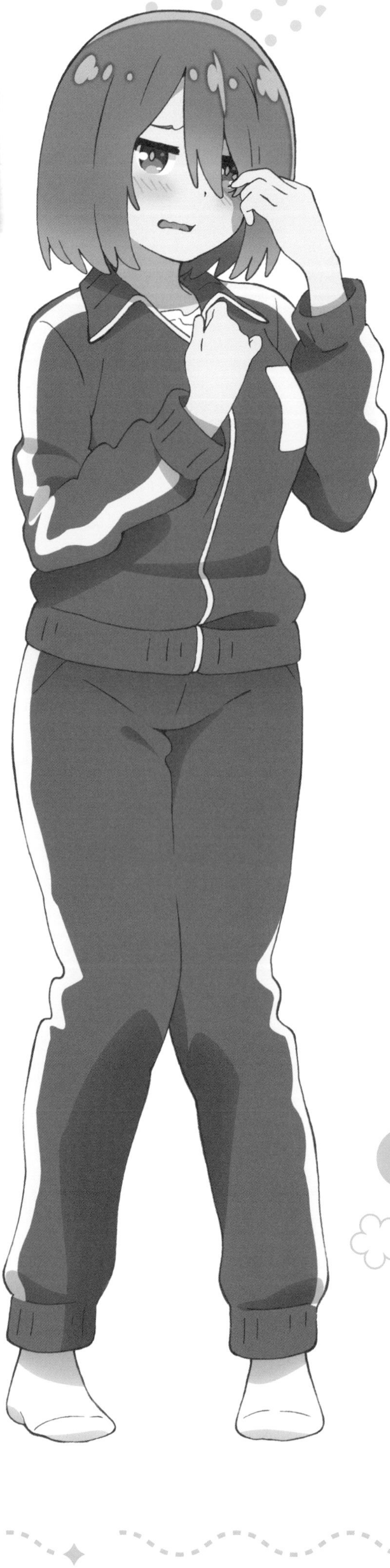

# 星野みやこ

HOSHINOMIYAKO

CV
上田麗奈

誕生日は9月9日。お菓子作りとコスプレ作りが好きな大学1年生。外に出ることが苦手で家にいることがほとんどなので、妹のひなたからも大学生と思われていなかった。ひなたが連れてきた花をひと目見たときから「もにょっとした気持ち」を抱《いだ》くようになり、花の好きなお菓子を作るなど、あの手この手で花の気を引こうとしていた。自作のかわいいコスプレ衣装を花に着てもらうことを生きがいとしているが、花からはあまり快く思われていない。テンションが上がると周りが見えなくなってしまう性格で、花のかわいい姿を見て暴走しがちだったが、自分につきまとう松本が現れてからは「私は花からこんなふうに見えていたのか」と自分を少しだけ客観視できるようになった。

表情集

# みやこの長所と弱点

## 弱点 外が苦手な引きこもり

あまりに人見知りすぎて、ひとりで買い物に行くことができないみやこ。店員に話しかけられるのが嫌で服を買えないから、普段着も自作してしまうというほどだ。

## 長所 衣装や料理作りが得意

みやこの最大の武器は手先の器用さ。お菓子や料理はひと通り作れるし、好きなアニメのコスプレ衣装も自作できる。ひなたたちの文化祭の演劇衣装制作にも協力していた。

# 名シーンPICK UP!

## 大好きな花との交流!

大好きな花と一緒にいるときのみやこはいつも笑顔。たまにテンションが上がりすぎてしまうこともあるが、2人のときにはお姉さんらしい姿もしっかりと見せている。

## 妹想いのお姉ちゃん

人見知りすぎるみやこだが、妹のひなたの前ではいいお姉さんであろうとしている。甘えん坊すぎるひなたをあえて突き放すなど、妹のために鬼となることもできるのだ。

## 普段着（ジャージ）

## SD

# 白咲花
SHIROSAKI HANA

「約束ですよ！
お菓子一生食べ放題！」

誕生日は3月7日。ひなたのクラスメイトで小学5年生。ひなたと友だちになり、家を訪れたときにみやこと出会った。当初はテンションの高いみやこを危険人物扱いしていたが、彼女の作るお菓子が絶品だったため、お菓子を食べさせてもらうために彼女の作ったコスプレ衣装を着たり、写真撮影に協力したりするようになった。一見落ち着いてしっかりしてそうに見えるが、お菓子にすぐ釣られてしまったり、裁縫が苦手なことを指摘されて落ち込んでしまったりなど、年相応な一面は多い。母親の春香いわく、「みやこの家に遊びに行くようになってから家にいるときも笑顔が増えた」とのことで、何だかんだ言いながらもみやこたちとの日常を楽しんでいるようだ。

CV
指出毬亜

表情集

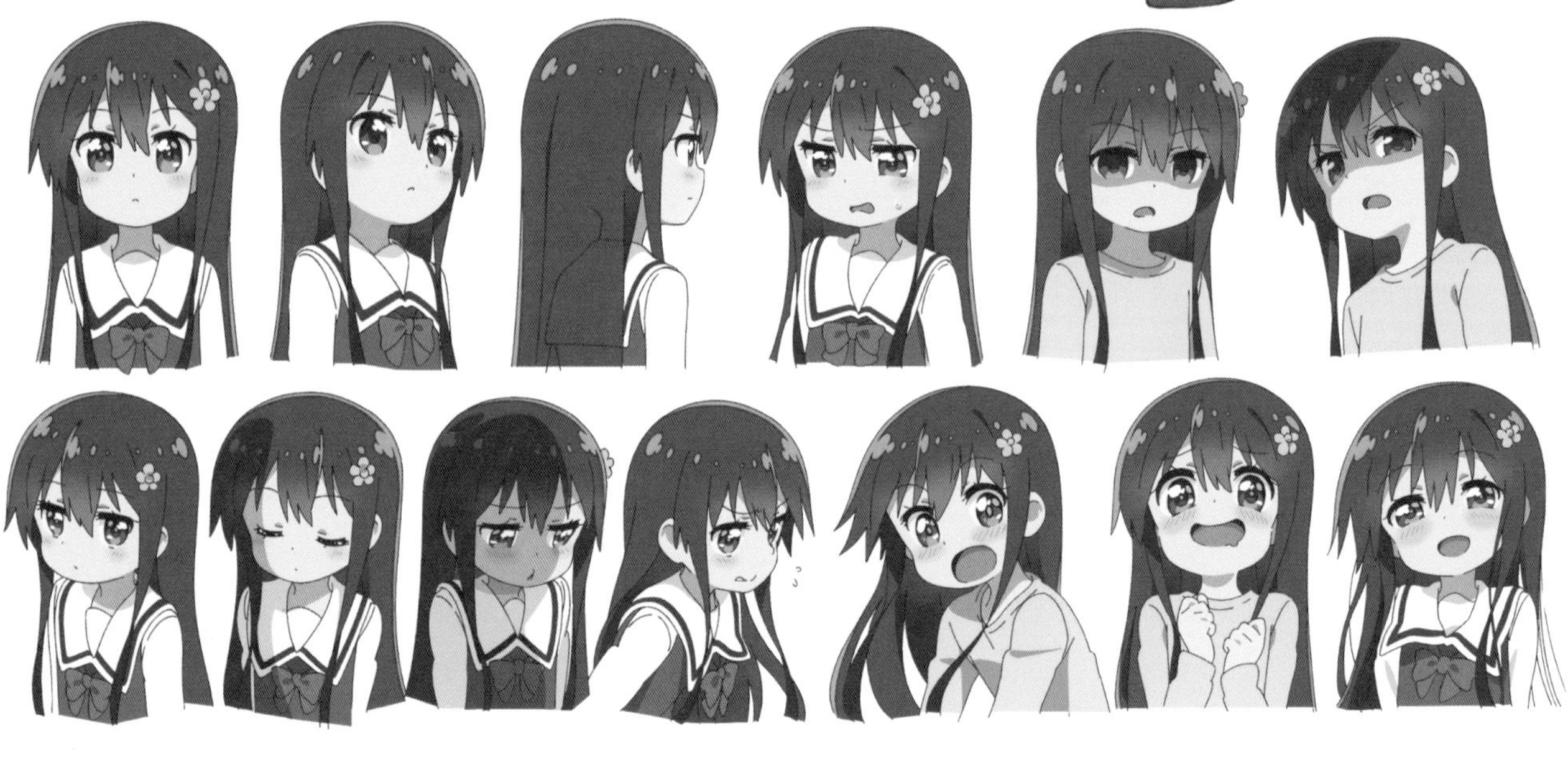

# 花の長所と弱点

## 弱点　周囲に理解されないセンス

花の大好きな「ひげろー」というゆるキャラは、ひなたたちからは「ダサい」「かわいくない」と散々な言われよう。本人的には「かわいい!」と思って着ている。

## 長所　警戒心がとても強い

知らない大人が近寄ってきたときに、安易に心を許さないところは、花の長所といえる部分だ。危険だと思ったときには、年上のみやこにも容赦のない言葉をかける。

制服

# 名シーンPICK UP!

## お菓子には目がない!

普段はクールな表情ばかりを見せている花。そんな彼女の顔が緩むタイミングは、大好きな甘いお菓子を食べているとき。幸せそうにお菓子を食べる姿はまさに天使のよう?

## じつはけっこう怖がり!

花は怖がりでホラー映画やお化け屋敷などは苦手だが、周囲には「平気」と強がってしまうことが多い。ちょっと意地っ張りなところも、花のかわいいところだ。

SD

# 星野ひなた

HOSHINO HINATA

## 「みゃー姉が一緒なら どこでもいい！」

誕生日は5月10日。みやこの妹で小学5年生。インドア派である姉とは対象的に、明るく元気で身体能力が高い。コミュニケーション能力が高く、誰とでも物怖じせず話せるため、みやこが外出するときに付き合うことも多い。みやこのことが大好きで、家では彼女を「みゃー姉」と呼びひたすら甘え、学校ではいつもみやこの自慢話をしている。思ったことを誰に対してもズバッと言ってしまう性格で、大好きなはずのみやこの前でも「みゃー姉に友だちはいないぞ」などストレートに言ってしまうことも。たびたびみやこと一緒のベッドで寝たがるが、かなり寝相が悪く、寝ている間にみやこを殴ったり蹴ったりすることがあるため、みやこからは嫌がられている。

CV
長江里加

表情集

# ひなたの長所と弱点

弱点

## お姉ちゃんに依存気味

ひなたがみやこを好きすぎることは、誰の目から見ても明らか。あまりにも普段からべったりしすぎているので、ときに心配されてしまうこともあるほどだ。

長所

## 元気で裏表がない!

ひなたはいつも元気で、感情がとてもわかりやすい。裏表がなく、何を考えているかストレートに言葉にしてくれるので、周囲からしたら付き合いやすいかも?

制服

# 名シーンPICK UP!

## みやこの前でコスプレを披露

ひなたはコスプレ自体に興味はないが、みやこの作った衣装を着るのは好き。第９話では中二病だった中学時代のみやこの格好を真似して、微妙な顔をされてしまった。

## 将来はみやこをお世話したい?

将来はみゃー姉をお世話すると公言するひなた。乃愛に「ミャーさんはいいお嫁さんになれるね」と褒められたときは、「みゃー姉は嫁にやらんぞ」となぜか親目線になった。

SD

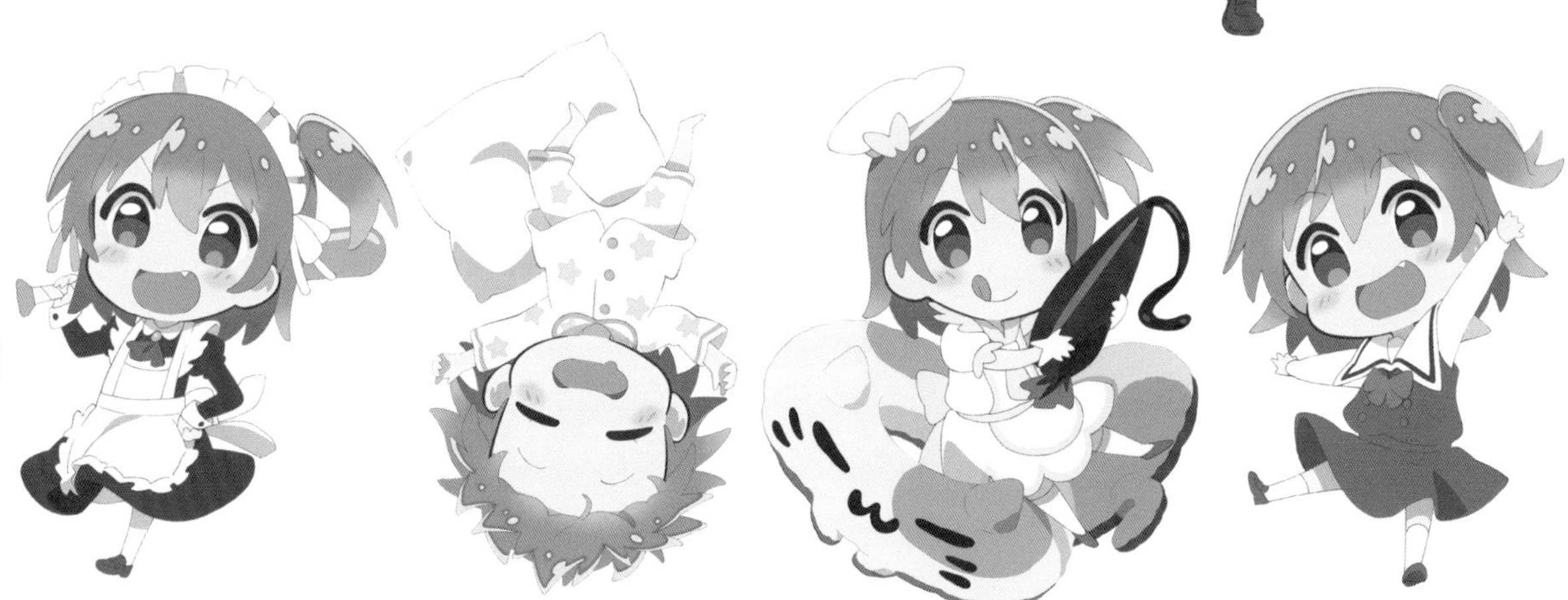

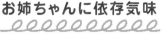

# 「やっぱりアタシがサイキョーね」

誕生日は11月24日。イギリス人の母親を持つ小学5年生で、星野家の隣に引っ越してきて小学校ではひなたと同じクラスになった。引っ越し早々、みやこが密かに自分の作ったコスプレ衣装を着ている場面を目撃したことをきっかけに、みやこたちと仲よくなる。幼いころから両親にかわいがられてきたため「自分は世界で一番かわいい」と思いこんでいる。花に夢中になったみやこが全然かまってくれないことを拗《す》ねていたときに、自分を気遣いやさしく声をかけてくれたひなたの優しさに惚れ込み、特別な感情を抱《いだ》くようになった。ひなたがみやこから突き放されていたときは、みやこに変装してひなたの気を紛らわしながら、ひなたから甘えてもらえることを楽しんでいた。

## 姫坂乃愛

HIMESAKA NOA

CV
鬼頭明里

表情集

# 乃愛の長所と弱点

弱点

## かわいがられないと拗ねる

いつも「褒められたい」と思っている乃愛は、かわいいと言ってもらえないとすぐに落ち込んでしまう。だけど立ち直りも早く、転んでもただでは起きない性格みたい!?

長所

## かわいさには自信がある

自分のかわいさには絶対の自信を持っている乃愛。みやこのコスプレ衣装に興味を持ったのも、自分のかわいさをさらに引き立てるような衣装を着てみたかったから。

制服

# 名シーンPICK UP!

## ひなたの前では乙女の顔

ひなたと2人でお出かけするときは、早起きしてお弁当を作るなどいつも以上に張り切っている様子を見せていた乃愛。ひなたの前ではいつも以上にかわいくありたいようだ。

## ミュージカルで大活躍!

乃愛は第12話のミュージカルで、カルミア、天使長カルム、マリーという3役をこなす大活躍ぶりを見せた。器用で何でもこなせる乃愛の見せ場となったシーンだ。

SD

「わからないことがあったら
学級委員の私たちを頼るのよ！」

誕生日は2月20日。小学5年生で、ひなたたちのクラスの学級委員。「人から頼られるようなかっこいい大人」になりたいと思っており、クラスメイトたちの前ではつねに自信満々に振舞っている。だが勢いだけで行動をすることが多く、砂糖と塩を間違えてしまうなどドジをしてしまうこともしばしば。夏音のほうがみんなから頼られることが多いため、つい夏音にやきもちを焼いてしまうこともあるが、いざ自分が頼られると戸惑ってしまい夏音からアドバイスをもらうことも。当初はひなたの話を真に受けてみやこのことを「すごいお姉さん」だと思っていたが、実態がわかると友だちの少ないみやこに「友だちなら私がなってあげるわ！」と優しい言葉をかけていた。

# 種村小依
TANEMURA KOYORI

表情集

CV
大和田仁美

## 小依の長所と弱点

### 弱点 肝心なところでドジをする

小依はとくに不器用ではないが、褒められて調子に乗るとドジをしてしまいがち。ミュージカルの衣装作りでは、裁縫ができるところを見せていたのに指に針を刺していた。

### 長所 いつでも自信満々

学級委員らしく、クラスではリーダーシップを発揮しようとしている小依。みんなから頼ってもらうためにいつも自信満々に振る舞っているが、根拠のないことが多い。

## 名シーンPICK UP！

### 頼られないと不機嫌に！

夏音がクラスメイトから相談を受けているところを見て、「私も学級委員なのに」と不満顔の小依。やる気がちょっと空回してしまうところも、傍から見ればかわいく見える⁉

### いざというときは頼りになる

夏音いわく「他人のために一生懸命になれるところ」が小依のいいところ。みやこを応援してあげたり、困っている夏音のために動いたりなど、いざというときは頼りになる。

### 幼少期の小依

夏音との出会いは幼稚園のころ。木に引っ掛かった夏音の風船を取ってあげようとがんばっており、幼いころから「他人のために一生懸命になれる」という性格は変わらない。

制服

SD

# 小之森夏音

KONOMORI KANON

CV
大空直美

「よりちゃんのことを信じてる……かなぁ」

誕生日は2月28日。ひなたたちのクラスメイトで、幼なじみの小依と一緒にクラスの学級委員を務めている。みんなに優しく、つねに笑顔を絶やさない女の子。小学5年生とは思えないほど落ち着いており、頼りになりそうな雰囲気を出しているため、クラスメイトから相談されることも多い。当初は小依と同じくみやこを「すごいお姉さん」だと誤解していたが、実態を知ったときは落ち込むみやこを抱きしめながら慰め、大人びた包容力を見せていた。料理やお菓子作りが得意で、みやこから料理を教わることも。ほかにもたいていのことはこなせる器用なしっかり者だが、冗談を言うのが苦手で、場を和ませるためのジョークを言っても、気付いてもらえないことが多い。

表情集

## 夏音の長所と弱点

### 弱点 冗談がわかりづらい

夏音はマジメな子なので、たまに冗談を言うと「冗談を言うなんて思わなかった」と意外がられてしまう。小依からは「冗談がわかりづらい」とたしなめられていた。

### 長所 気遣いのできるいい子

第10話では２人きりで過ごしているみやこと花に声をかけようとした小依を止めていた夏音。周りへの気遣いができる彼女は、空気を読む能力も高いようだ。

## 名シーンPICK UP！

### 小依をそっと手助け

クラスメイトから何かを聞かれて困っている小依に「ぼしょぼしょ」とアドバイスを送る夏音。いつも小依のそばにいて、彼女の役に立ちたいと思っているようだ。

### 天使のような包容力

第５話では自分たちの前で「完璧なお姉さん」を演じようとしてくれたみやこを気遣い、彼女を抱きしめていた夏音。彼女の優しさに触れたみやこは思わず涙していたほどだ。

### 幼少期の夏音

物心ついたころから小依と一緒にいたという夏音。幼少期のころ、自分のために風船を取ってくれた小依を見ている夏音は、「小依は頼りになる」と信頼を寄せている。

### 制服

### SD

# 松本香子

MATSUMOTO KOUKO

CV
Lynn

「ん？ 1年以上も毎日
ずっと一緒にいたら
さすがにもう
友だちでしょ？」

誕生日は10月16日。みやこの高校時代の同級生で、同じ大学に通っている。高校2年生のときに「孤高の存在」だったみやこに憧れ、それ以来勝手にみやこを「友だち」と思いつきまとっていた。第4話でみやこが買い物をしたチョコバナナの屋台でアルバイトをしているなど、あらゆる場所からみやこを監視しており、彼女の行動パターンや服のサイズなどを把握している。そんな彼女の行動はまったくみやこから認識されておらず、花から「みやこのストーカー」と言われてしまっていたが、本人は否定していた。みやこに認知されてからは、ひなたやみやこの母・千鶴に取り入り、星野家に遊びに来るようになった。一応みやこからも、友だちとして認識されている。

普段着
（私服）

## みやこ（犬）

CV
大空直美

松本家で飼われている犬で、名付けたのは当然松本だ。友奈になついており、友奈と一緒に散歩をしていることが多いようだ。

## 松本の長所と弱点

### 弱点 かなりストーカー気質

高校時代から２年間、みやこと直接コミュニケーションを取らずに遠くからずっと眺めていた。自分で自分をストーカーだと思っていないあたり、かなりたちが悪い!?

### 長所 面倒見のいいお姉さん

松本はみやこが絡むと暴走するが、みやこが絡まない場所ではしっかり者のお姉さん。初めて出会ったひなたたちに大学を案内してあげるなど、面倒見もよかった。

## 名シーンPICK UP！

### 高校時代からみやこ大好き

当初は被服部でひとり黙々と作業していたみやこを見て、「クールでかっこいい」と一方的に憧れを募らせた。やがて実態を知るも、憧れの気持ちは一切変わらなかった。

## 松本友奈

CV
木野日菜

MATSUMOTO YUUNA

松本の妹で、姉からは「ゆう」と呼ばれている。第8話では予防接種から抜け出した犬のみやこを探しているときに迷子になってしまい、みやことひなたに出会った。人間のみやこと面識はなかったが、姉が撮った盗撮画像を見ていたことから一方的に知っていた。

## 「みやこも成長してるんだねぇ……。なんか泣けてきたよ」

# 星野千鶴

HOSHINO CHIZURU

CV 小清水亜美

みやこには厳しい反面、ひなたには少し甘いところを見せている。だがひなたが自分ではなくみやこばかり頼っていることには、少しばかりショックを受けているようだ。

みやことひなたの母親。サバサバしており竹を割ったような性格。みやこには厳しく、第1話でみやこが夕飯前に花たちにお菓子を食べさせていたことを知ったときは、みやこを布団でぐるぐる巻きにして吊るしていた。

## 「あと怖がる花ちゃんすごくかわいいから見たい」

# 白咲春香

SHIROSAKI HARUKA

CV 藤村 歩

文化祭のお化け屋敷を手伝っていた春香は、花の怖がる様子やみやこと花の仲良しぶりを見て満足そうにしていた。みやこのことを心から信頼しているようだ。

花の母親。娘とは対象的に、いつもニコニコしており人当たりがいい。家庭であまり笑顔を見せなかった花を心配していたので、花を変えてくれたみやこたちに感謝している。服のセンスが独特で、花の服のセンスは母譲りとわかる。

「ハイ！ ノアちゃんといつも遊んでくれてありがとです！」

# 姫坂エミリー

HIMESAKA EMILY

CV 豊崎愛生

乃愛の母。イギリス生まれで、とても陽気な人物。乃愛が幼いころから「世界一かわいい」と言い聞かせており、文化祭のときは乃愛がミュージカルの舞台に立ったらスカウトされてアイドルになるのではないかと本気で心配していた。

つねに乃愛をかわいく見せたいと思っているエミリー。文化祭ではお化け屋敷の手伝いをしながら、ひなたの前でかわいくしようとする乃愛にアドバイスを送っていた。

## 5年3組のクラスメイト

5年3組の生徒たち。一丸となって文化祭に臨むなど、全員の仲はいい。ひなたの自慢話に尾ひれがつきすぎたせいで、みんなしてみやこをまるで偉人のような存在だと思っている。

## 山中先生

CV 衣川里佳

ひなたたちのクラスである5年3組の担任教師。おっとりとした人物で、第12話では教室を訪れたみやこにみんなでお礼をするよう促すなど、しっかりした先生のようだ。

# 設定資料ギャラリー

アニメ各話に登場したキャラクターの衣装設定や、プロップ（小物）設定、星野家のアートボードなど、秘蔵の資料を公開しよう!

## 星野みやこ

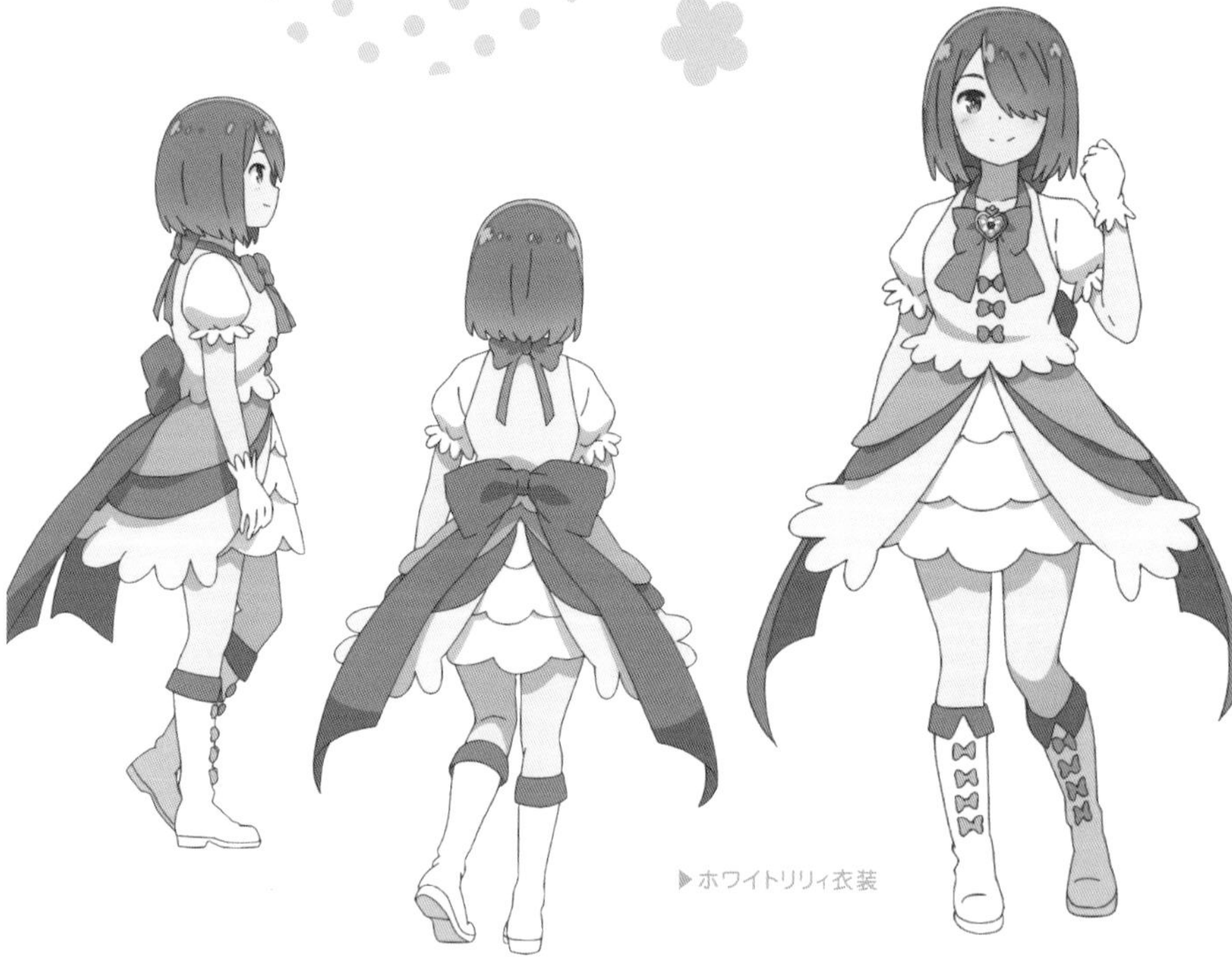

▶ホワイトリリィ衣装

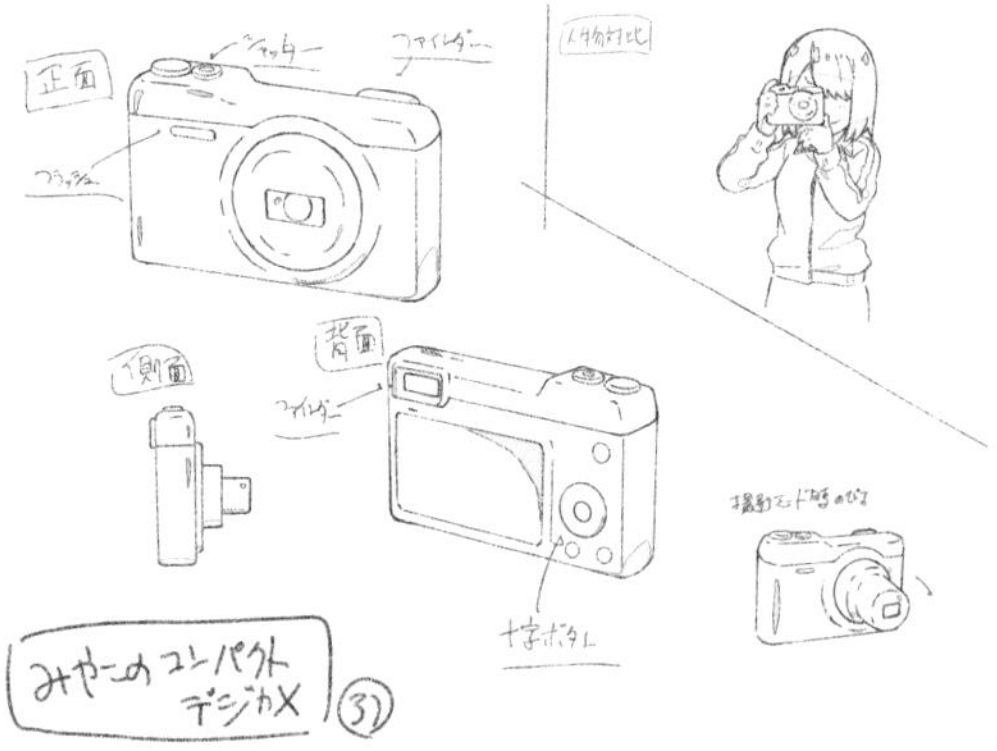


▲みやこのコンパクトデジカメ

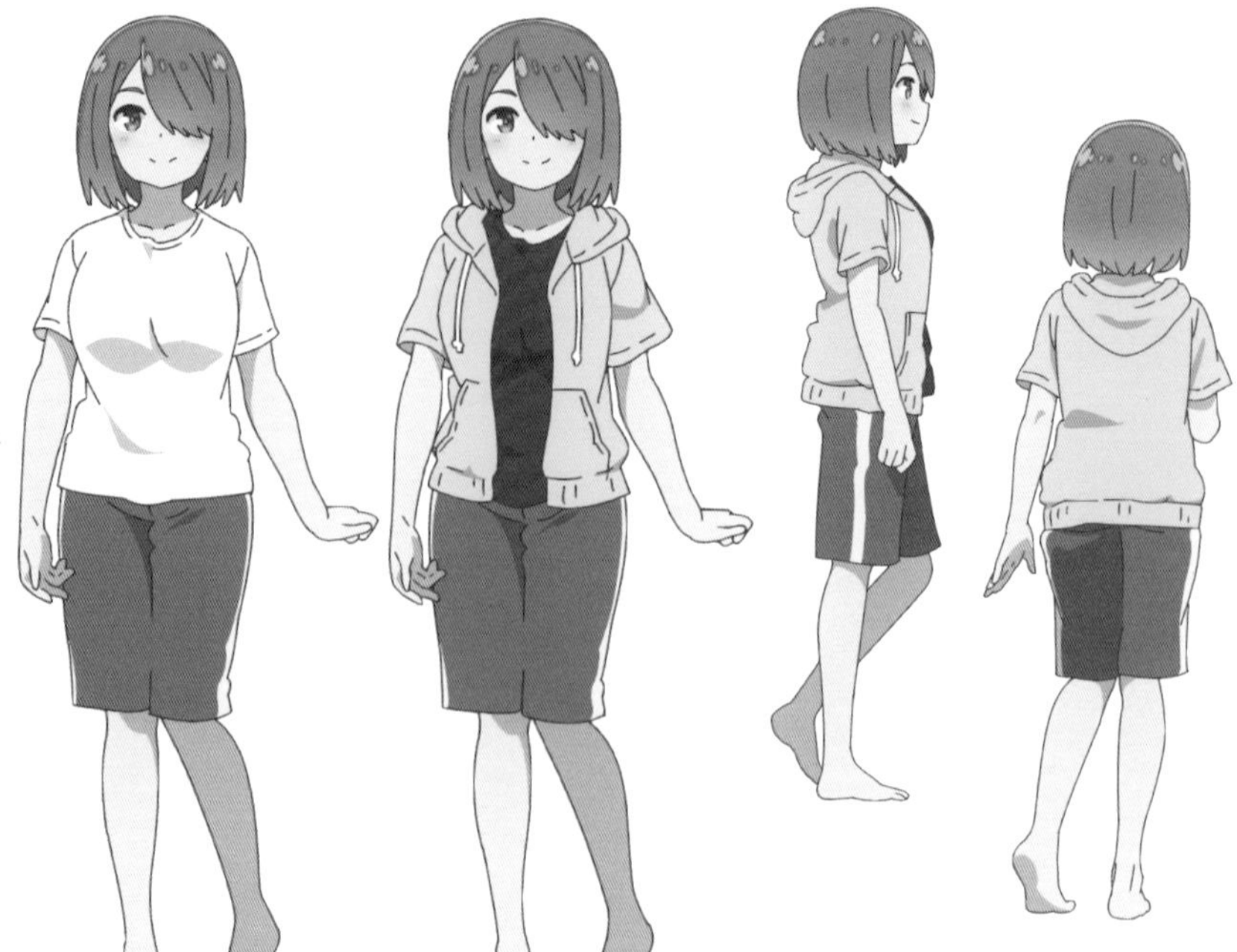

▲普段着（夏）

◀私服

▲みやこのゲーム機

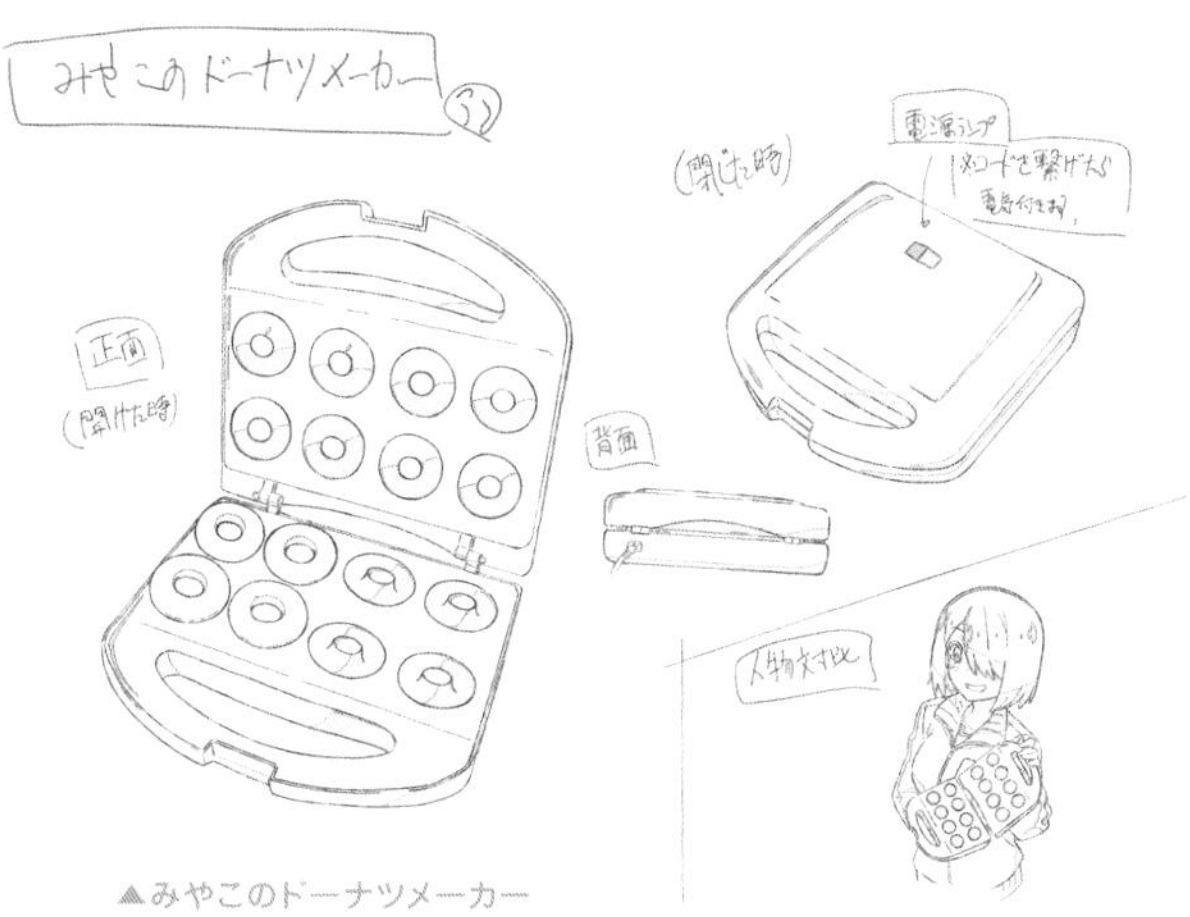

▲みやこのドーナツメーカー

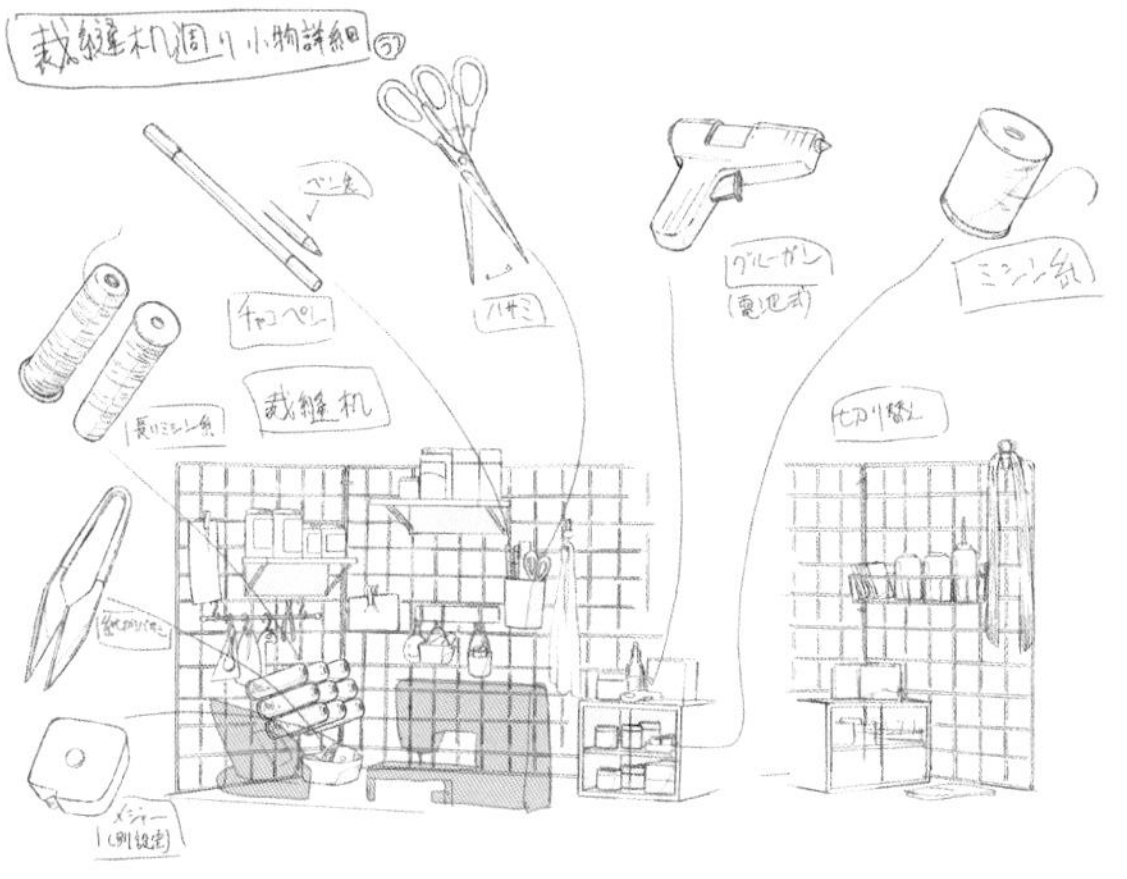

▲みやこの裁縫机

▲みやこのパソコン

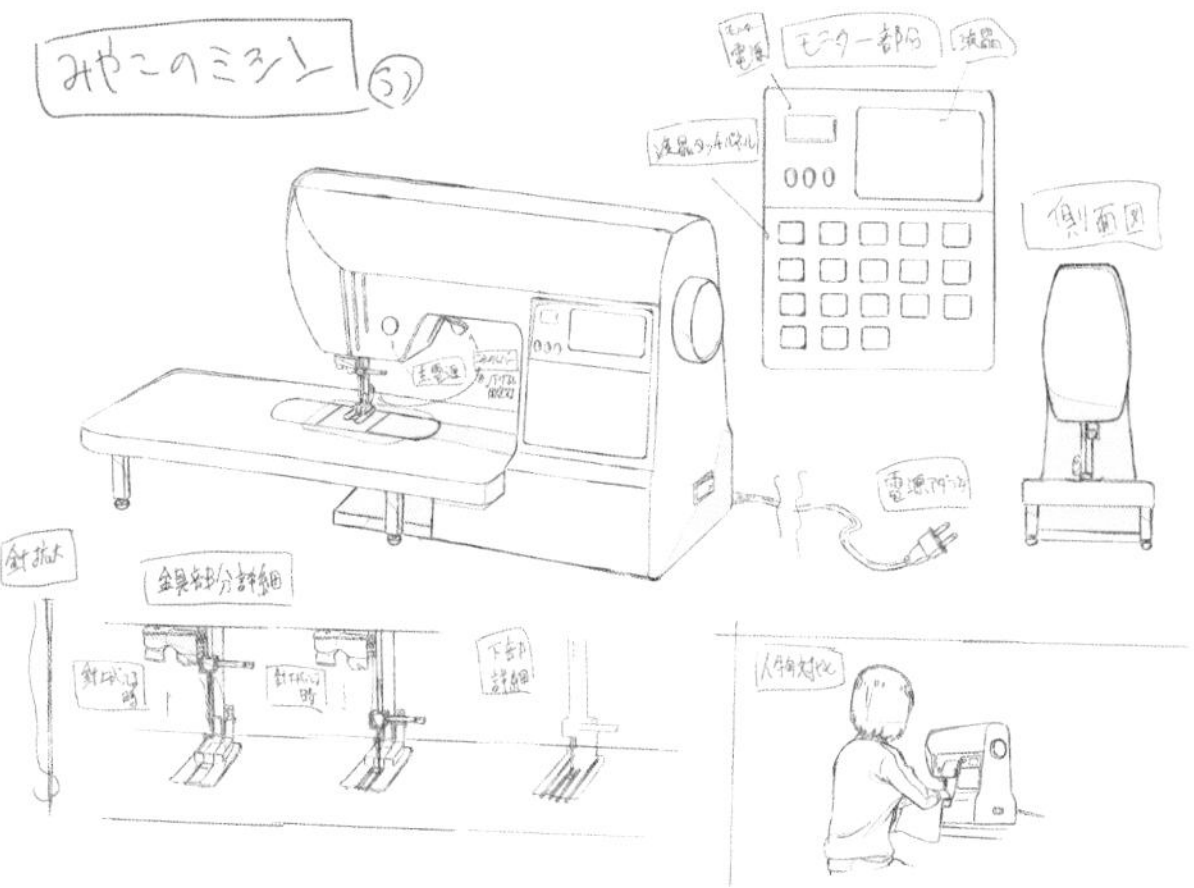

▲みやこのミシン

▲ゴスロリ服

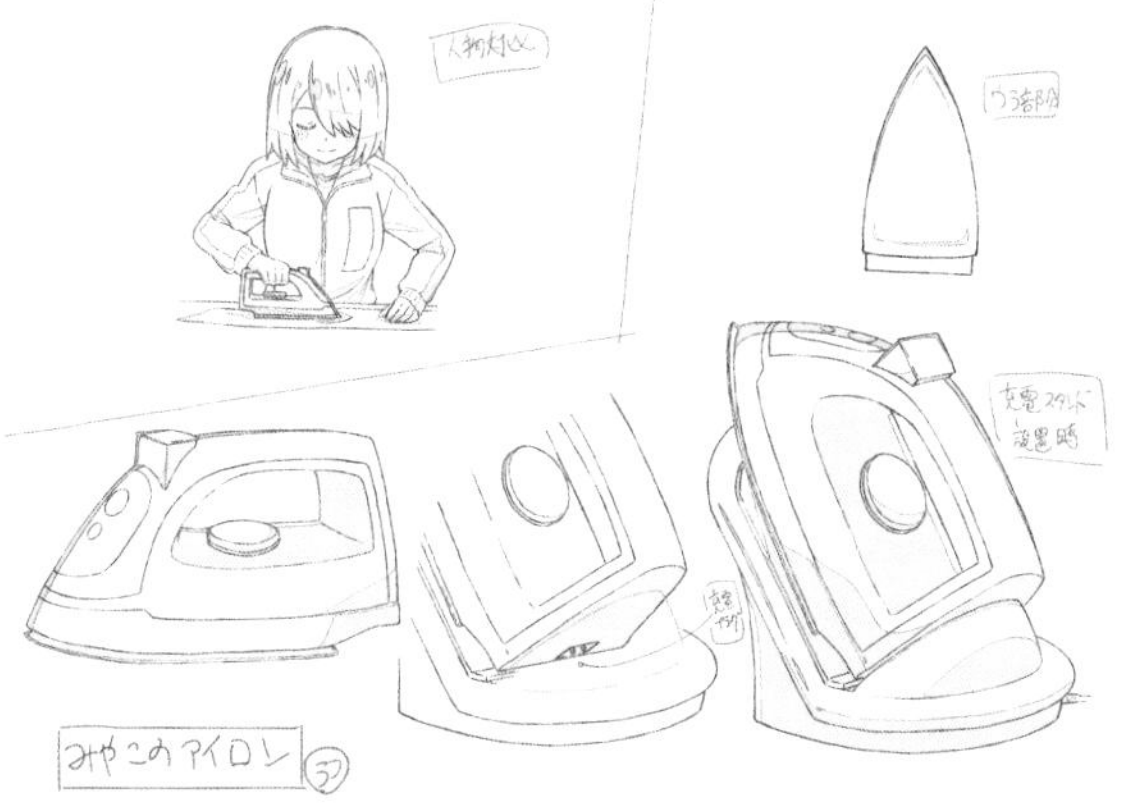

▲みやこのアイロン

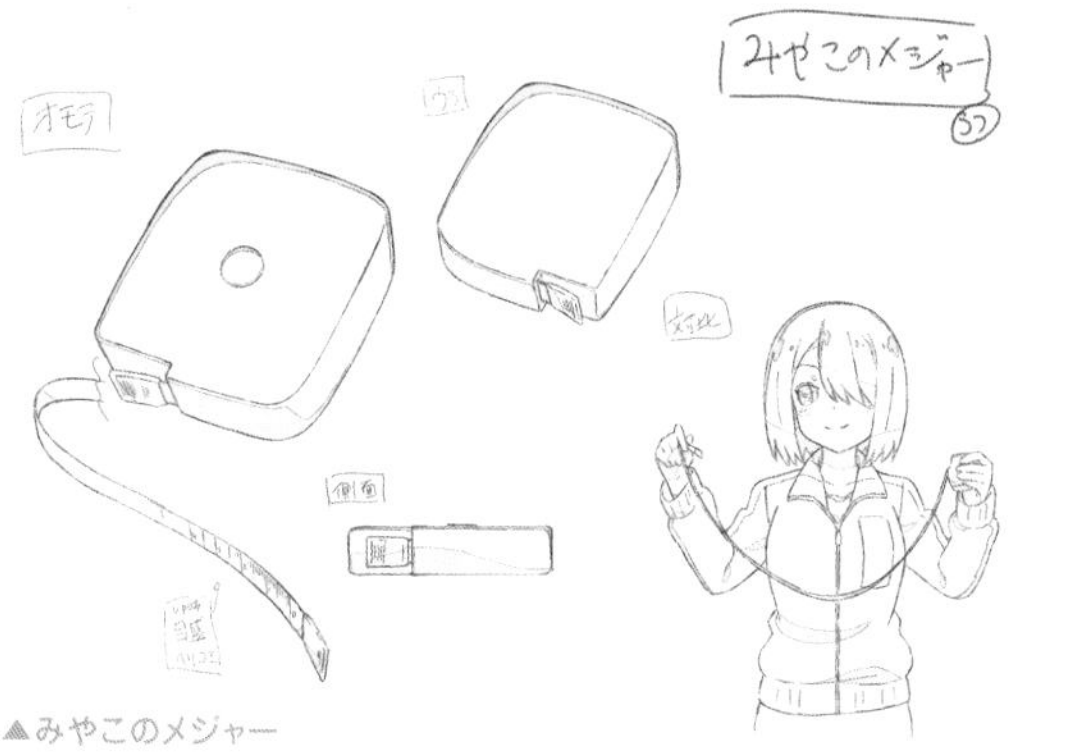

▲みやこのメジャー

# 白咲花

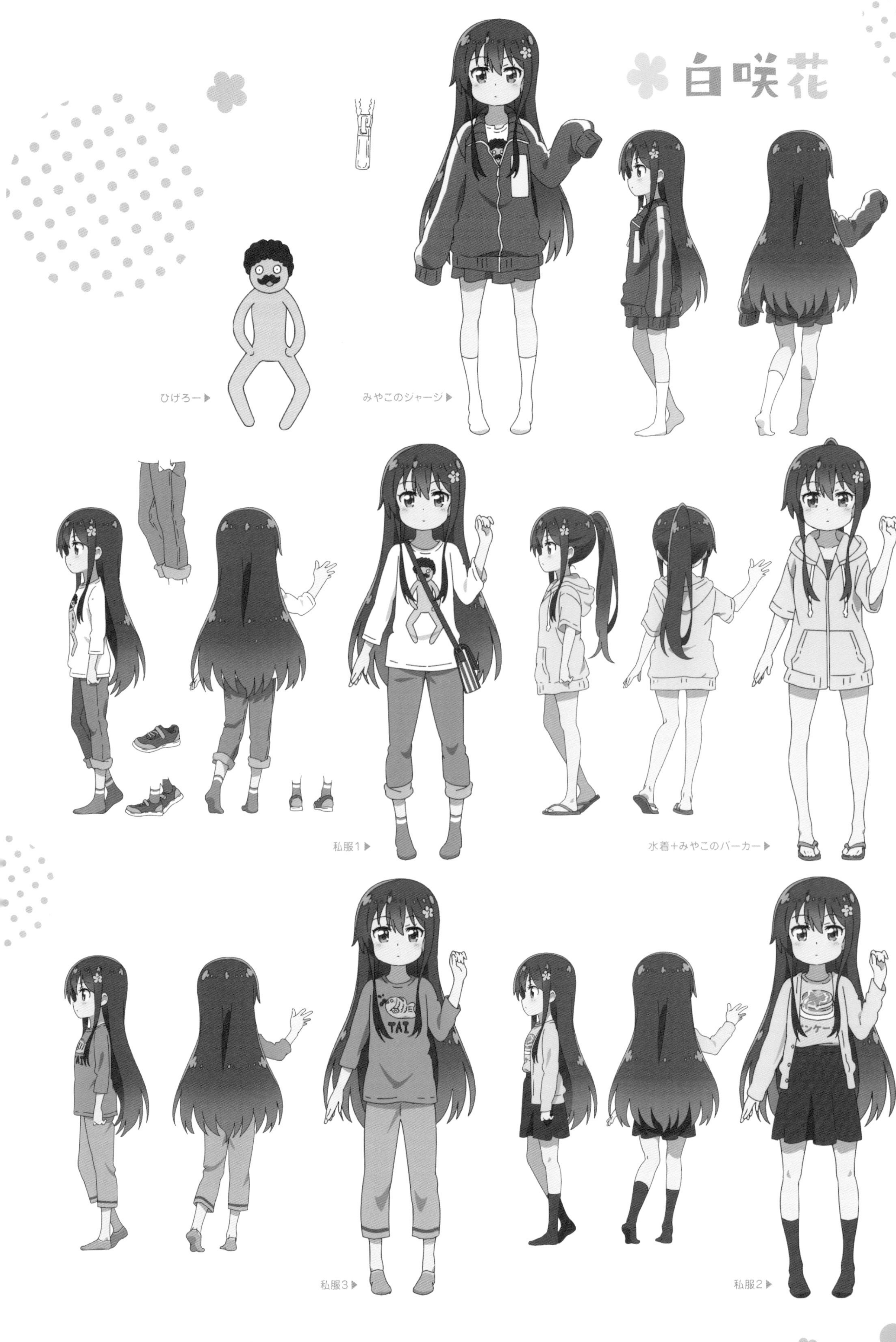

私服5▶

私服4▶

私服6（色違い）▶

私服6▶

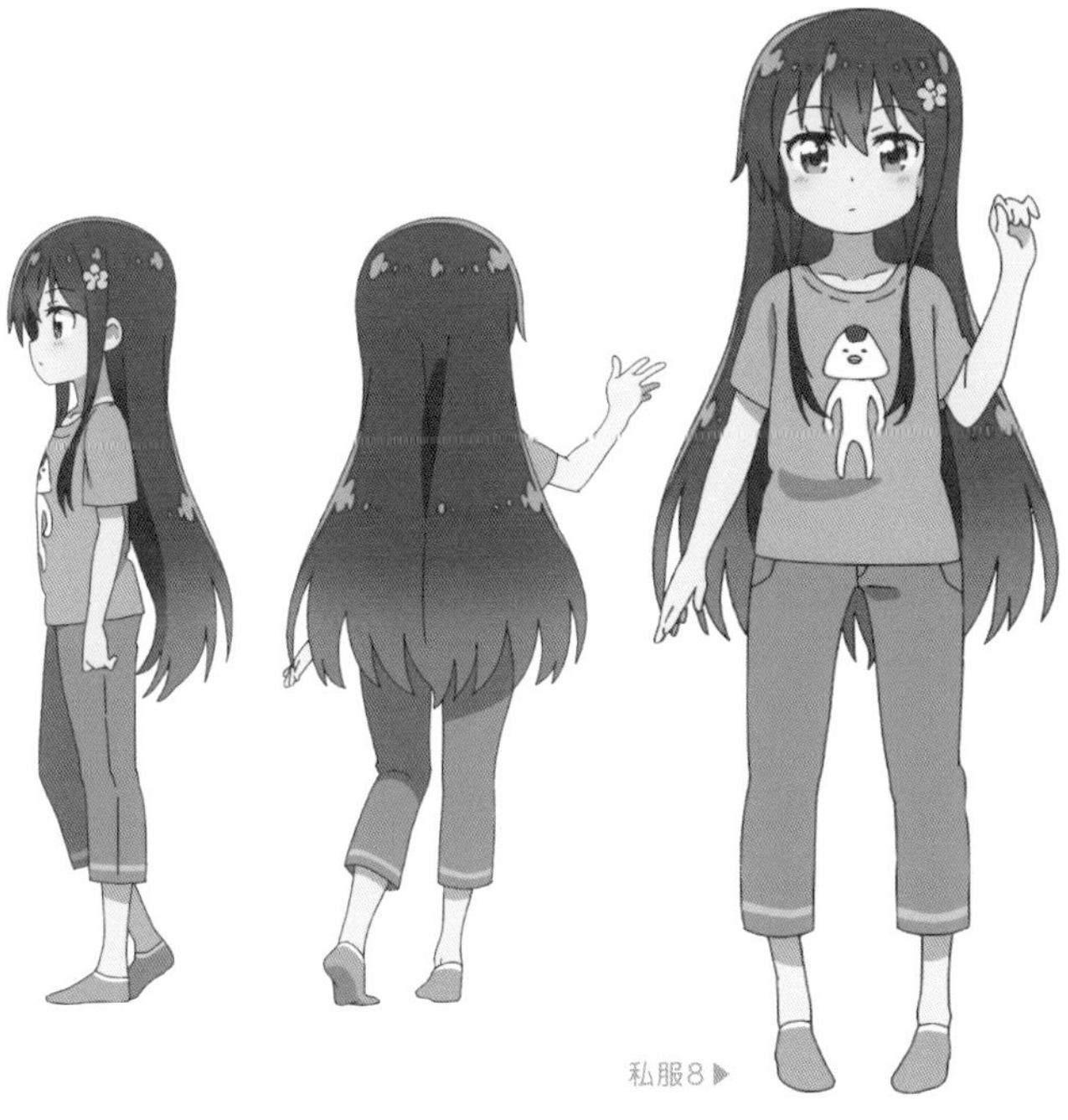

私服8▶

私服7▶

パジャマ▶

私服9▶

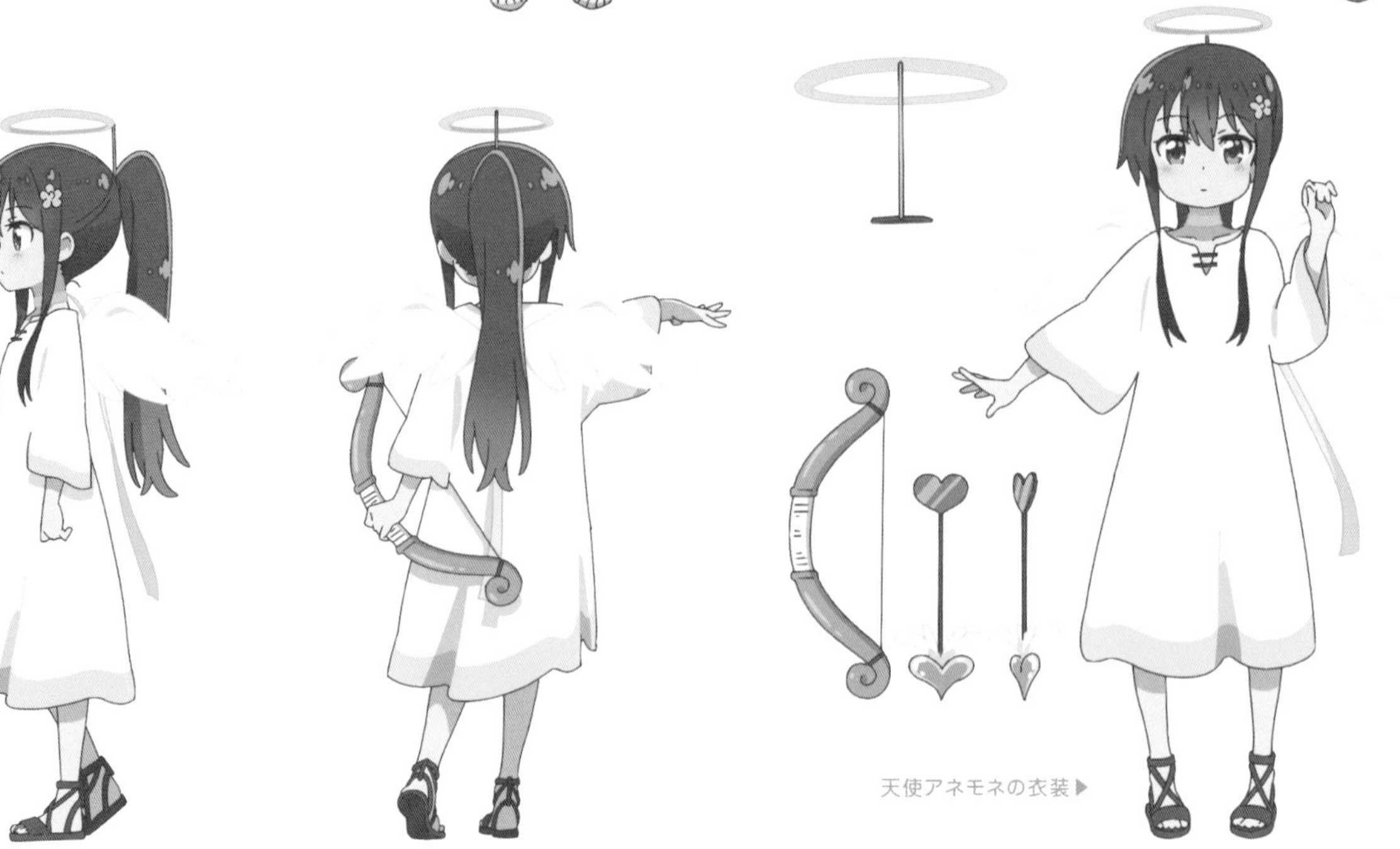

天使アネモネの衣装▶

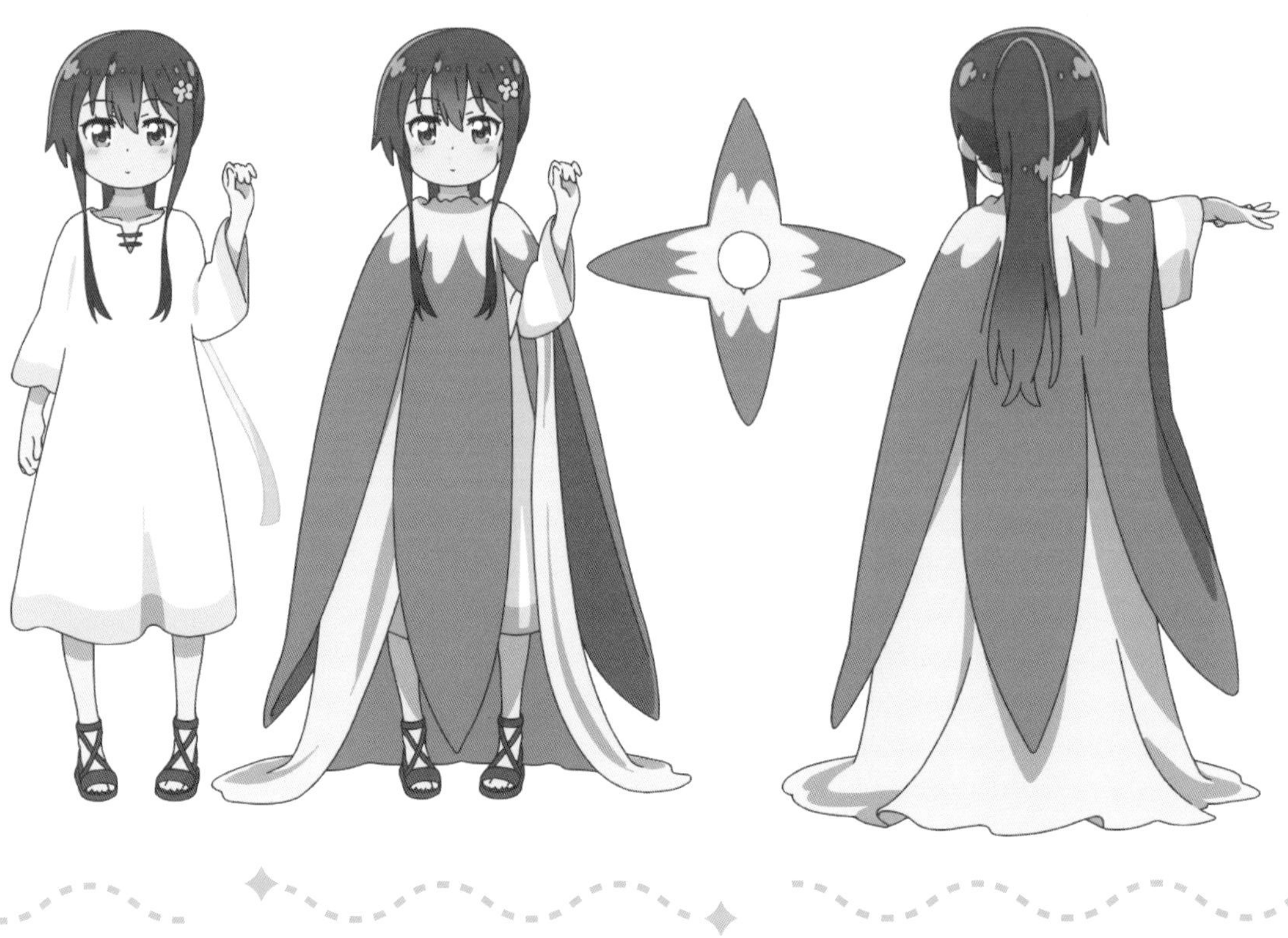

# 星野ひなた

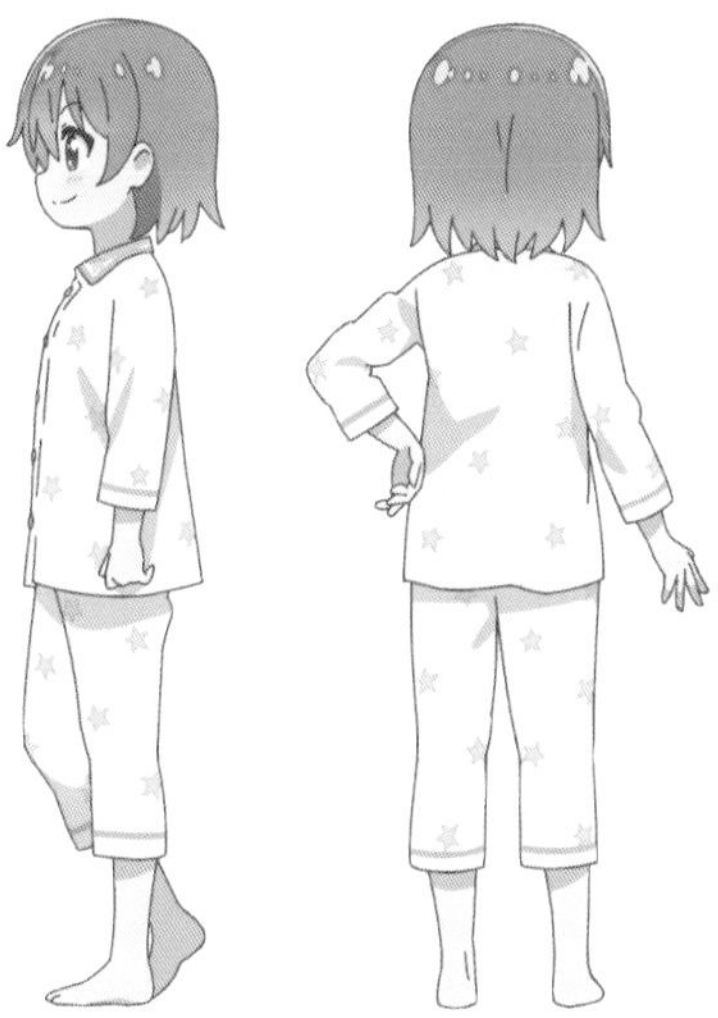

▲パジャマ1

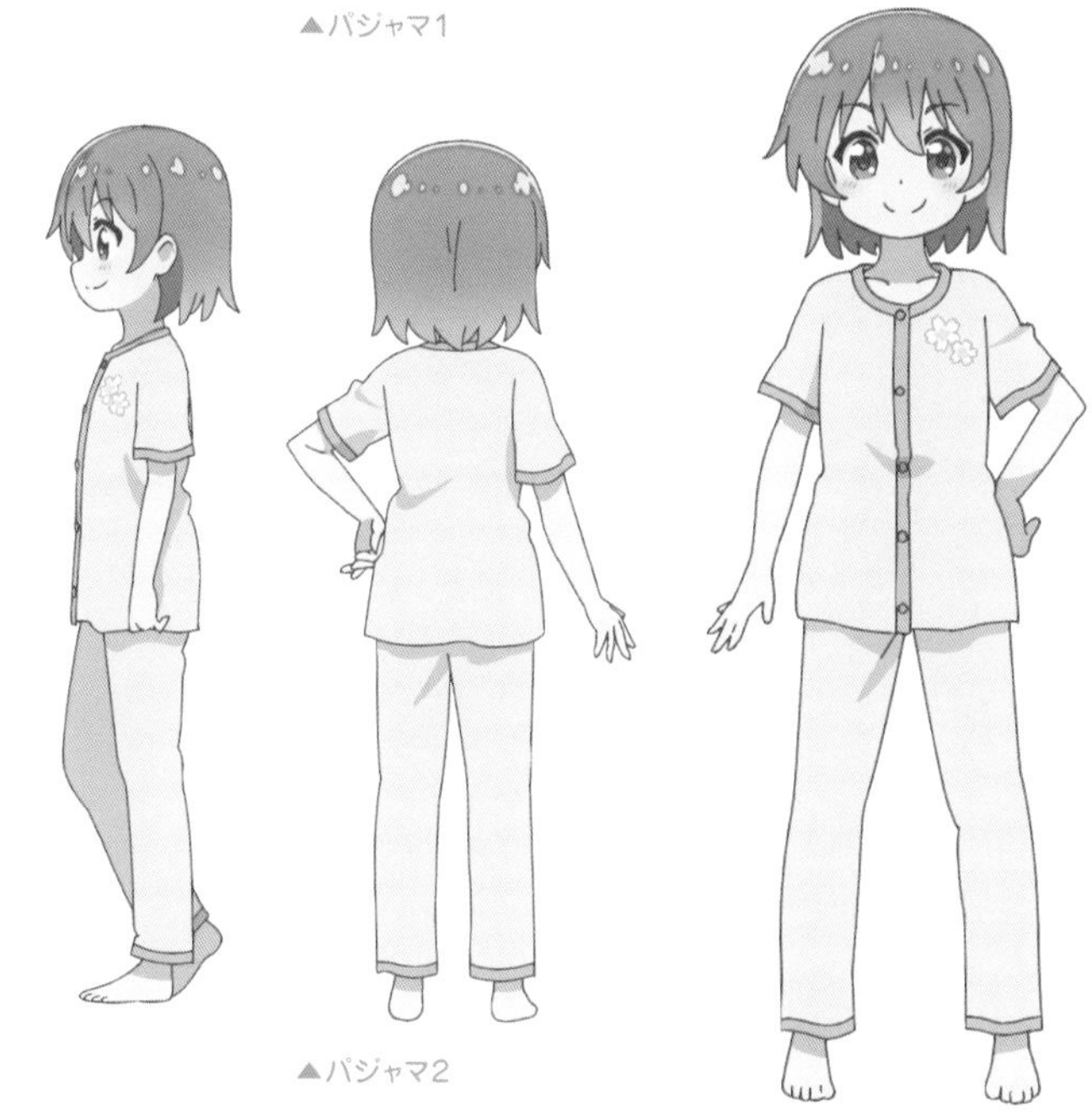

▲パジャマ2

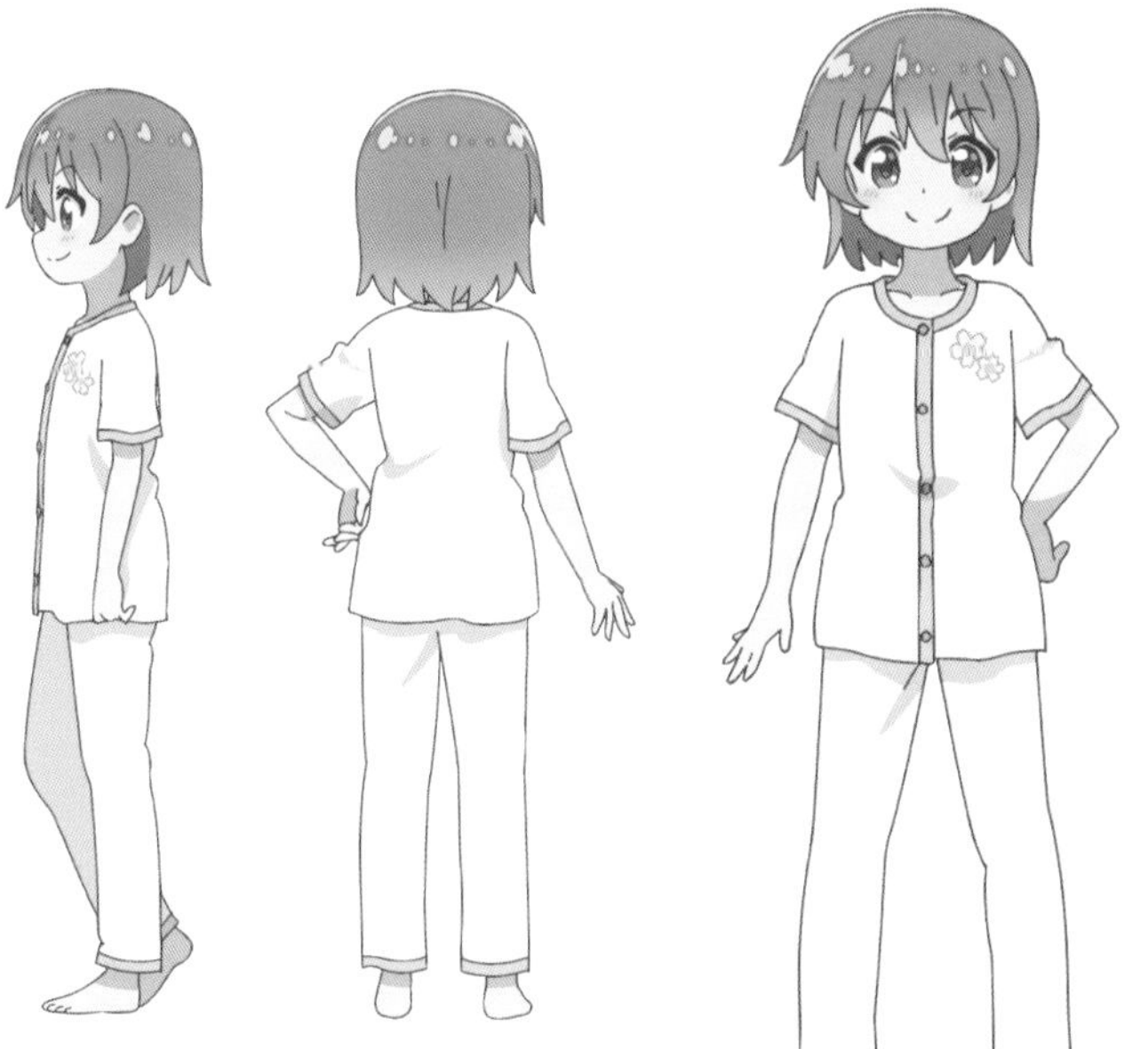

▲パジャマ2（色違い）

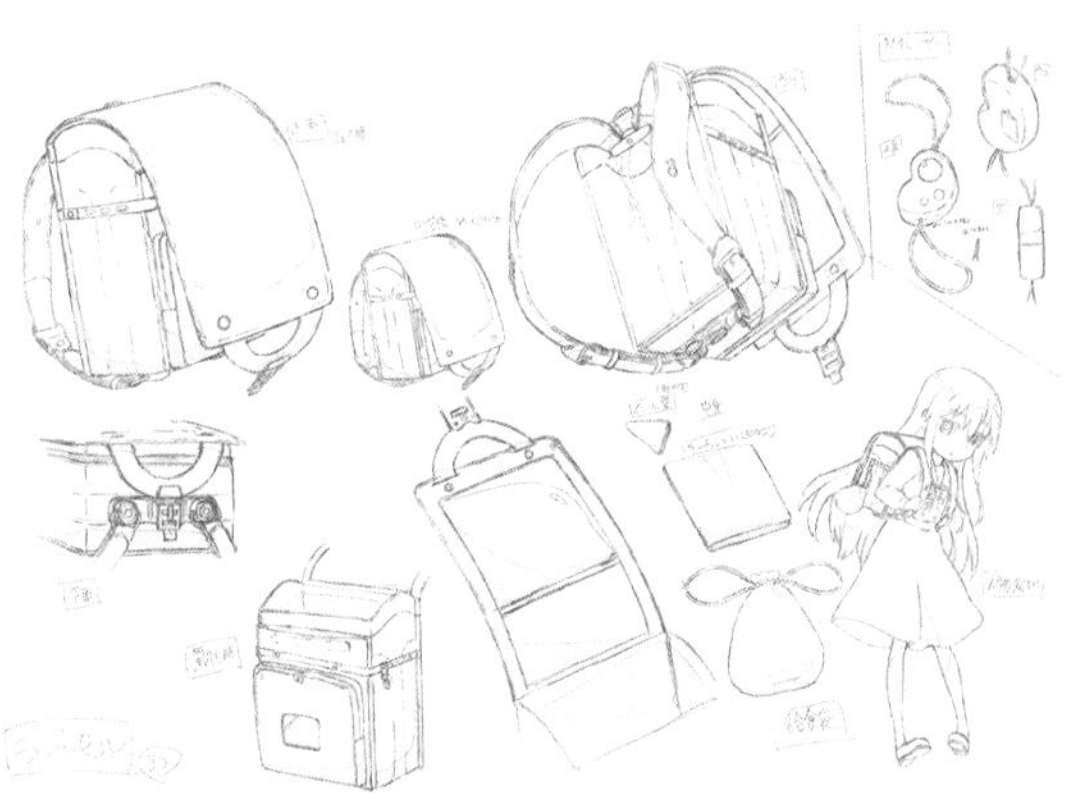

▲ランドセル

▲かき氷

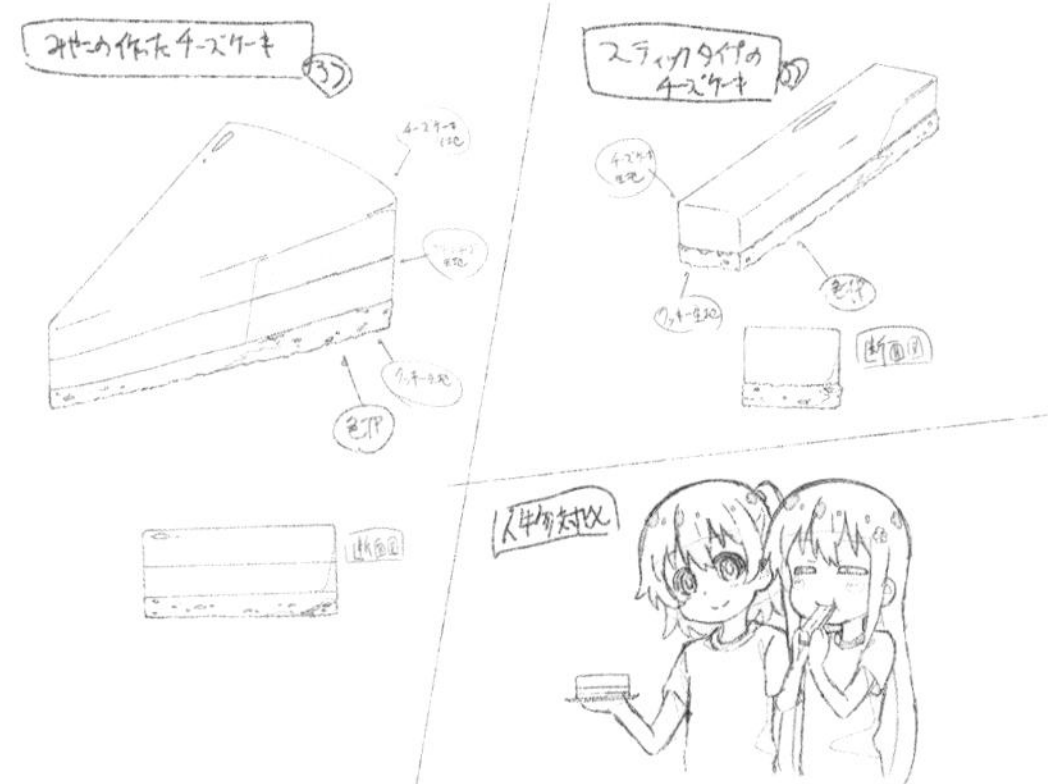


▲チーズケーキ

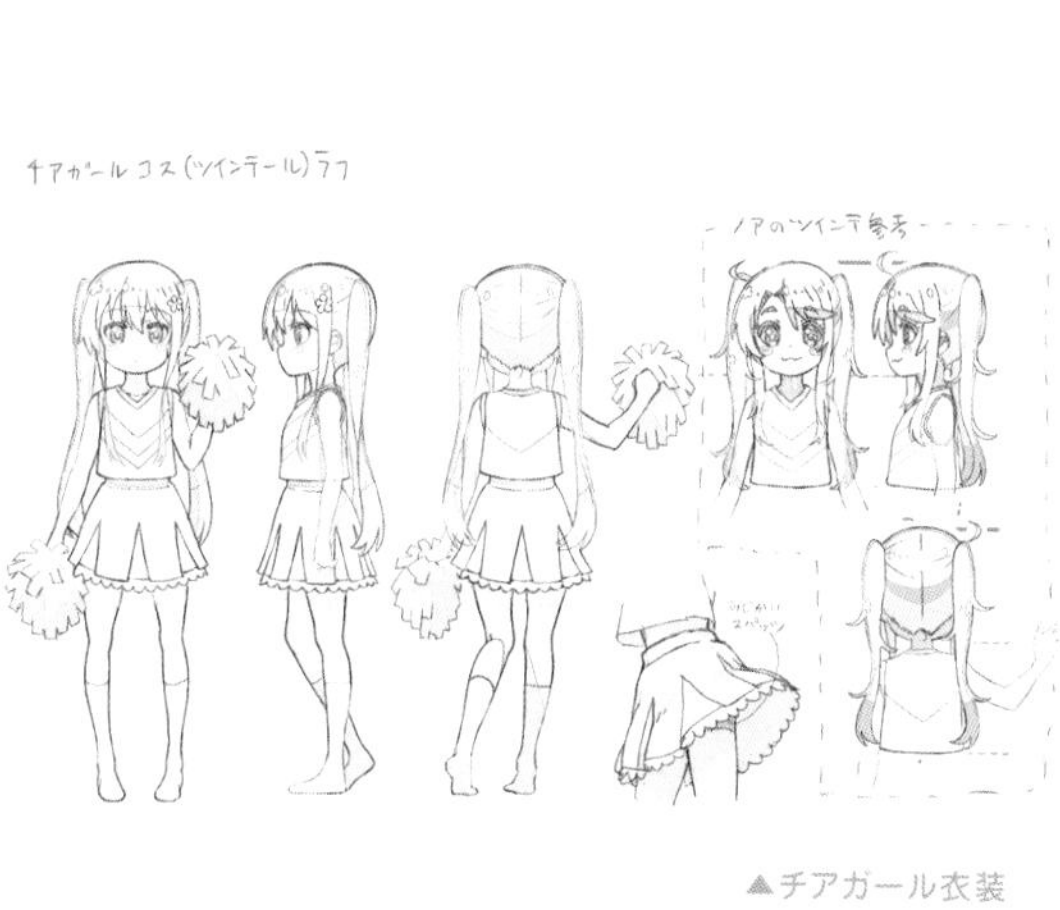


▲チアガール衣装

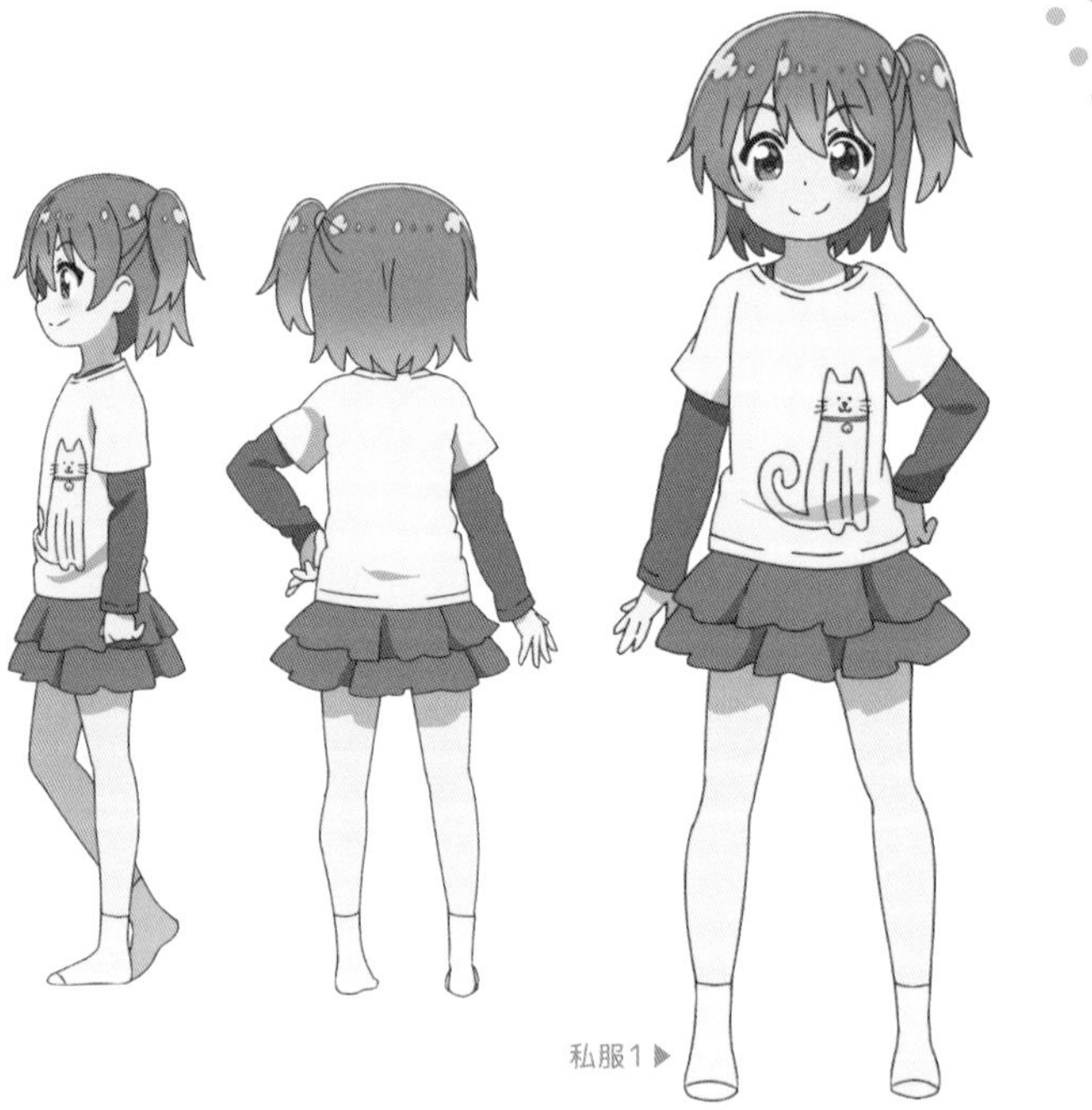

私服1▶

私服2▶

私服3▶

私服4▶

私服5▶

私服6▶

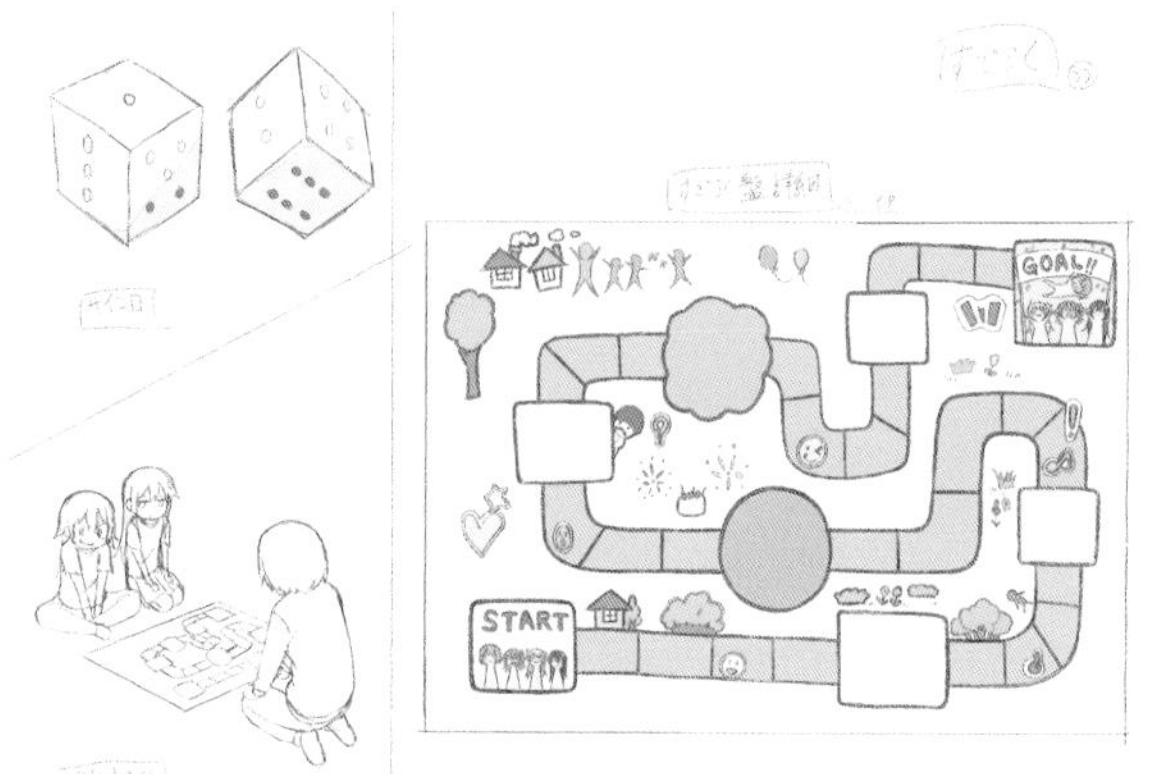


▲みゃー姉すごろく

私服7▶

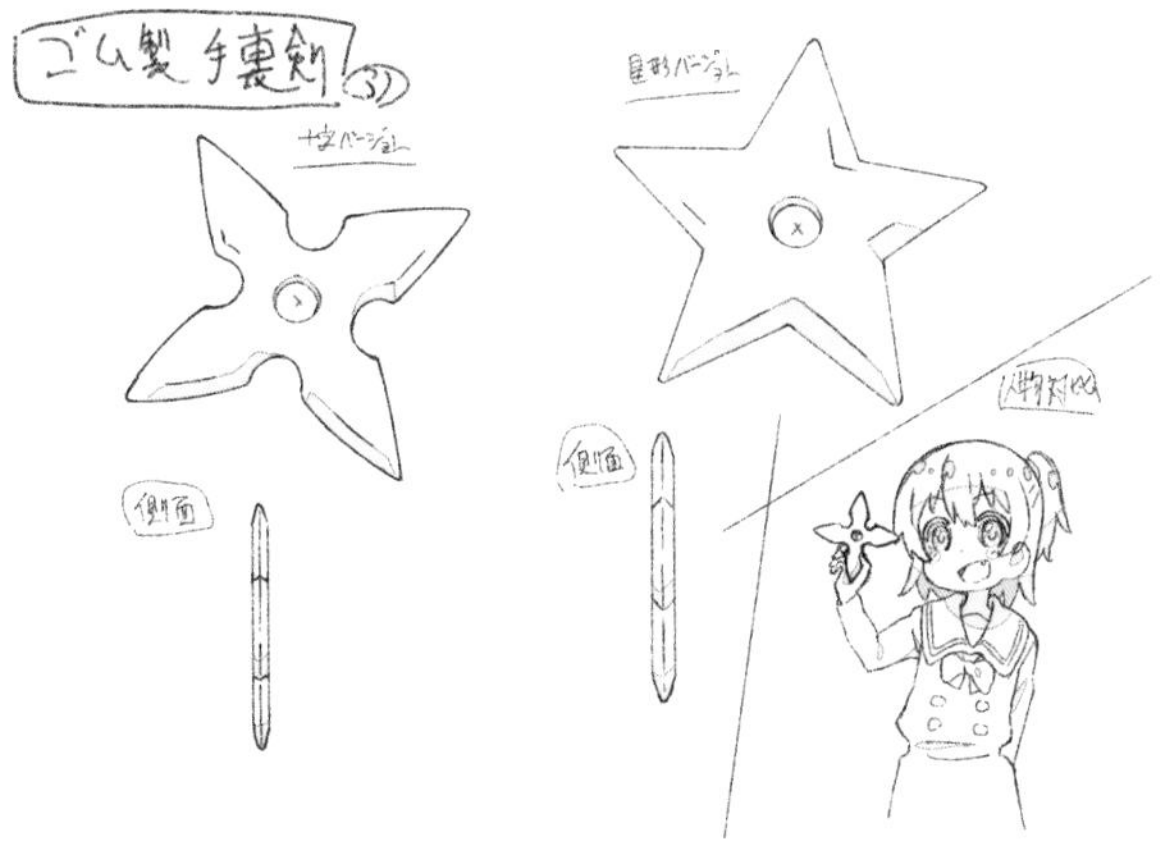


▲ゴム製手裏剣

私服8▶

▲水鉄砲

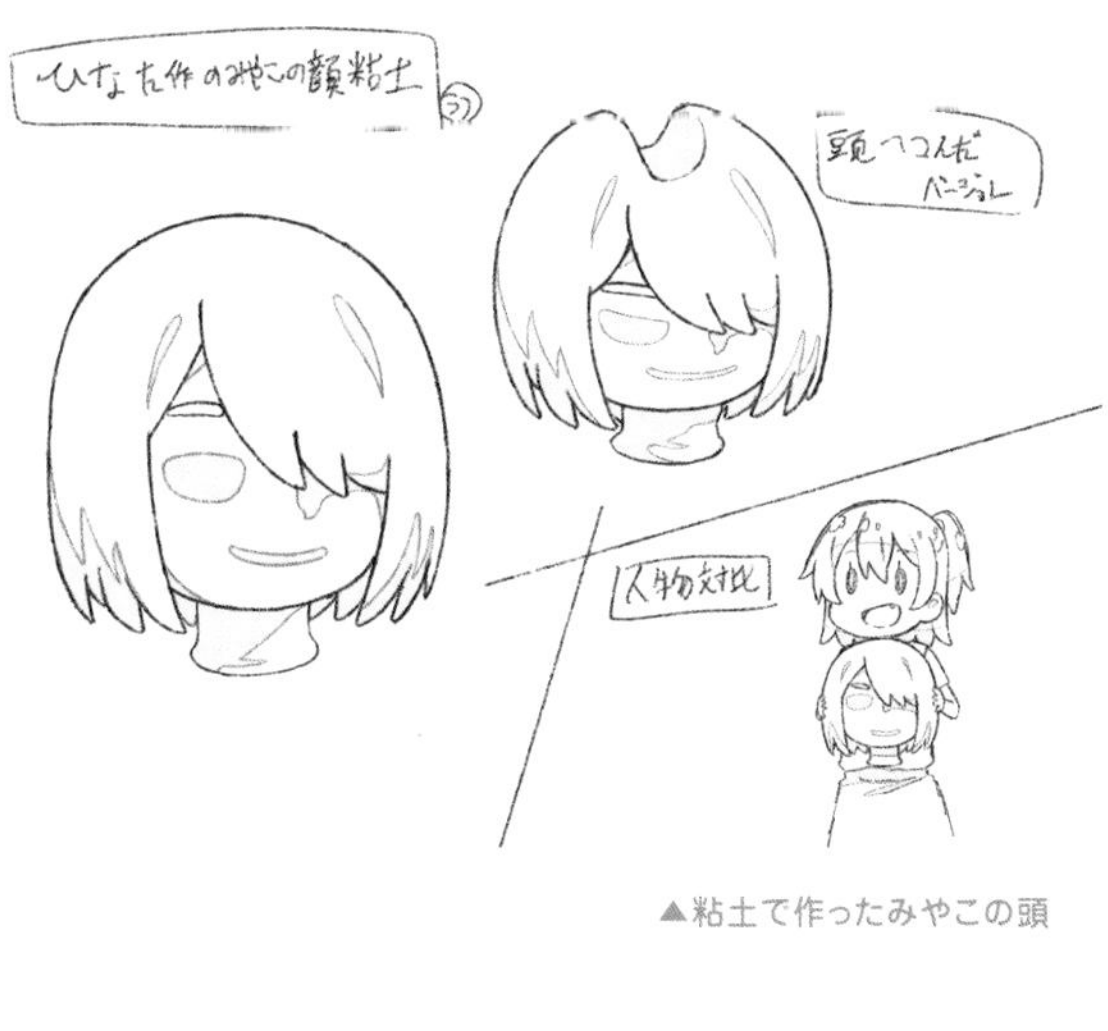


▲粘土で作ったみやこの頭

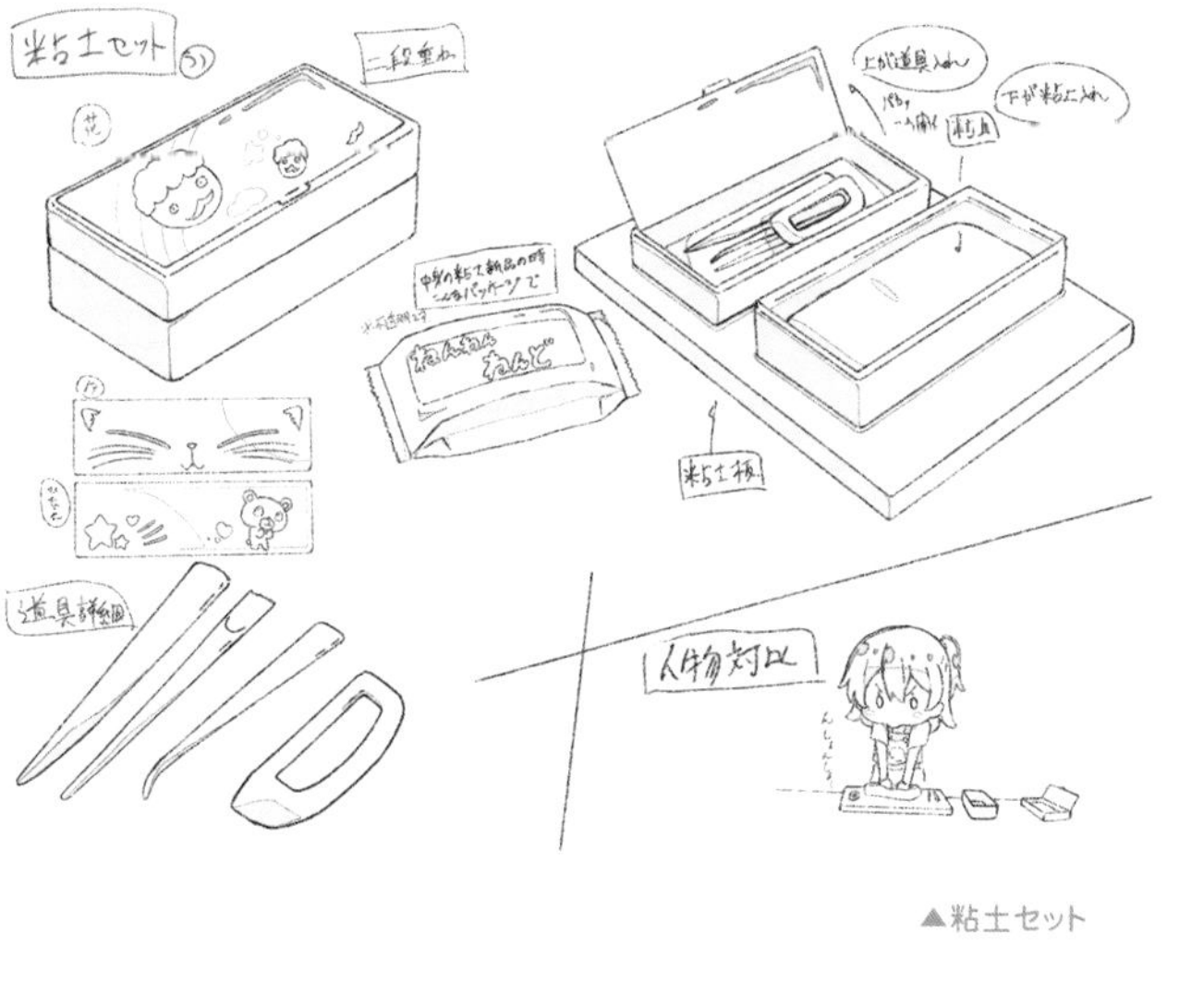


▲粘土セット

# 姫坂乃愛

▲私服 1

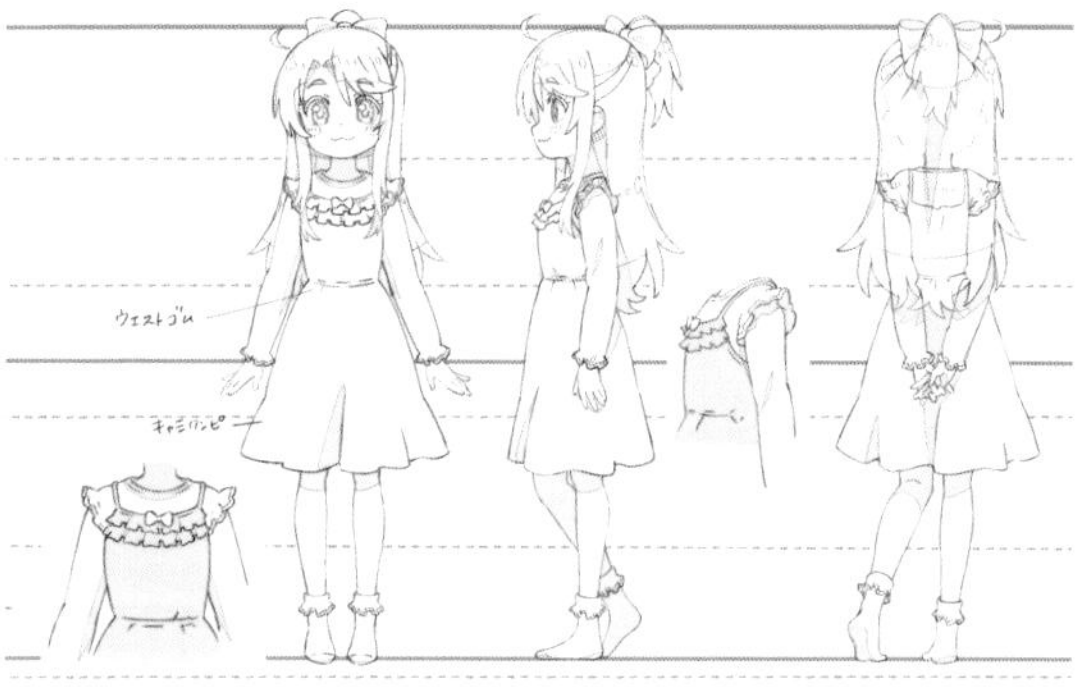


▲私服 2

私服 4 ▶

私服 3 ▶

私服 6 ▶

私服 5 ▶

私服８ ▶

私服７ ▶

◀天使カルム衣装

◀マリー衣装

▲乃愛のストラップと花のケーキ型粘土

## 種村小依

## 小之森夏音

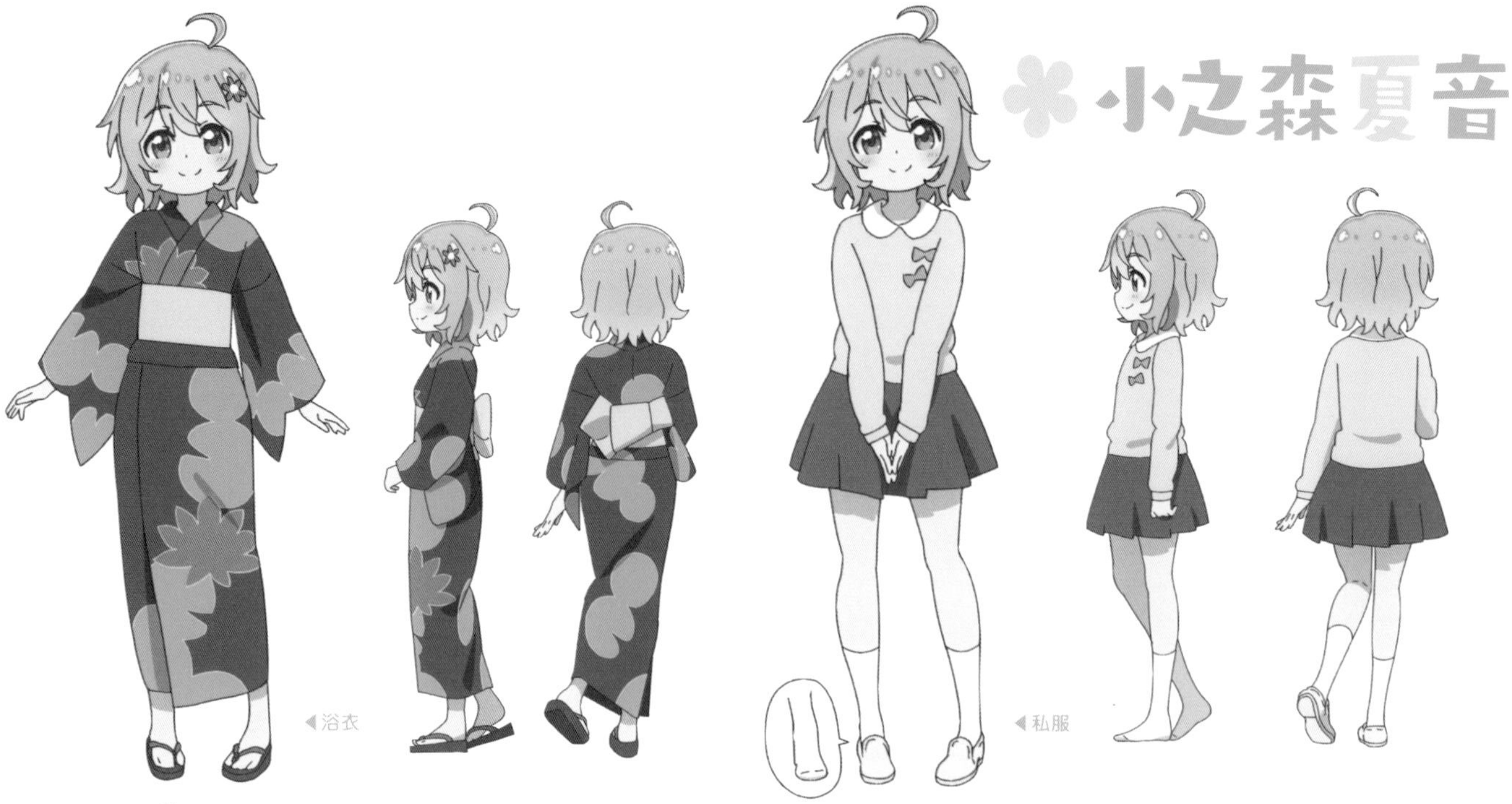


## 松本香子

# そのほか設定

◀エフロン

▲ホワイトリリィのポスター

▲星野家外観

▲ひなたの部屋

▲みやこの部屋

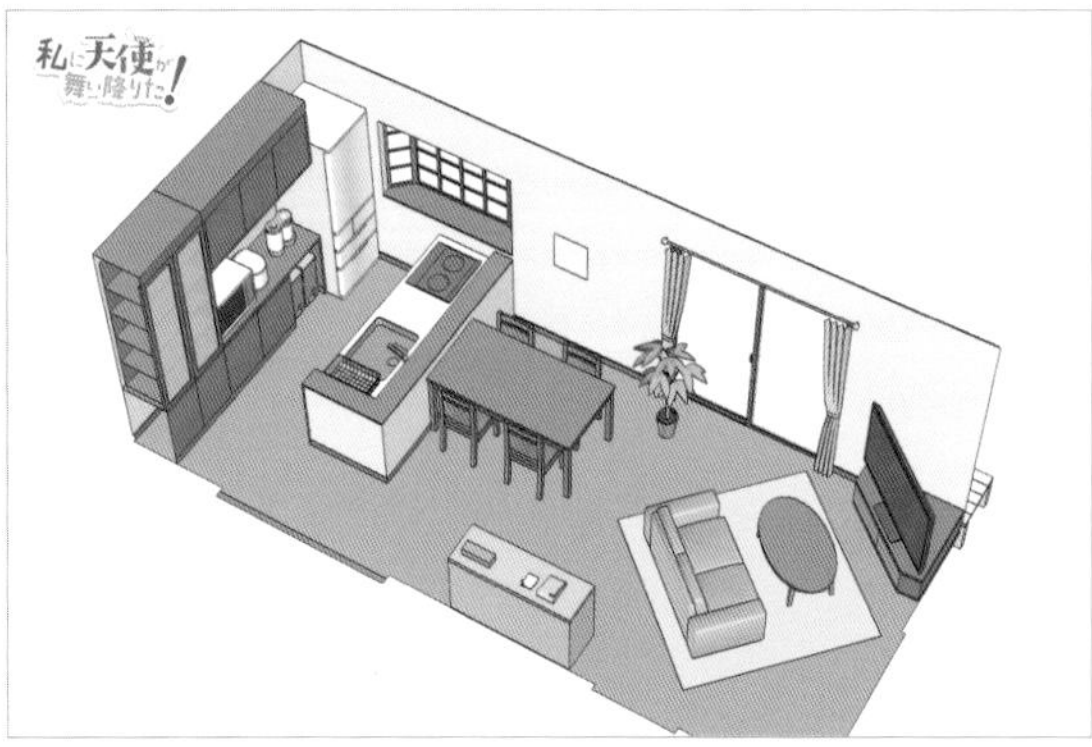


▲リビング、台所

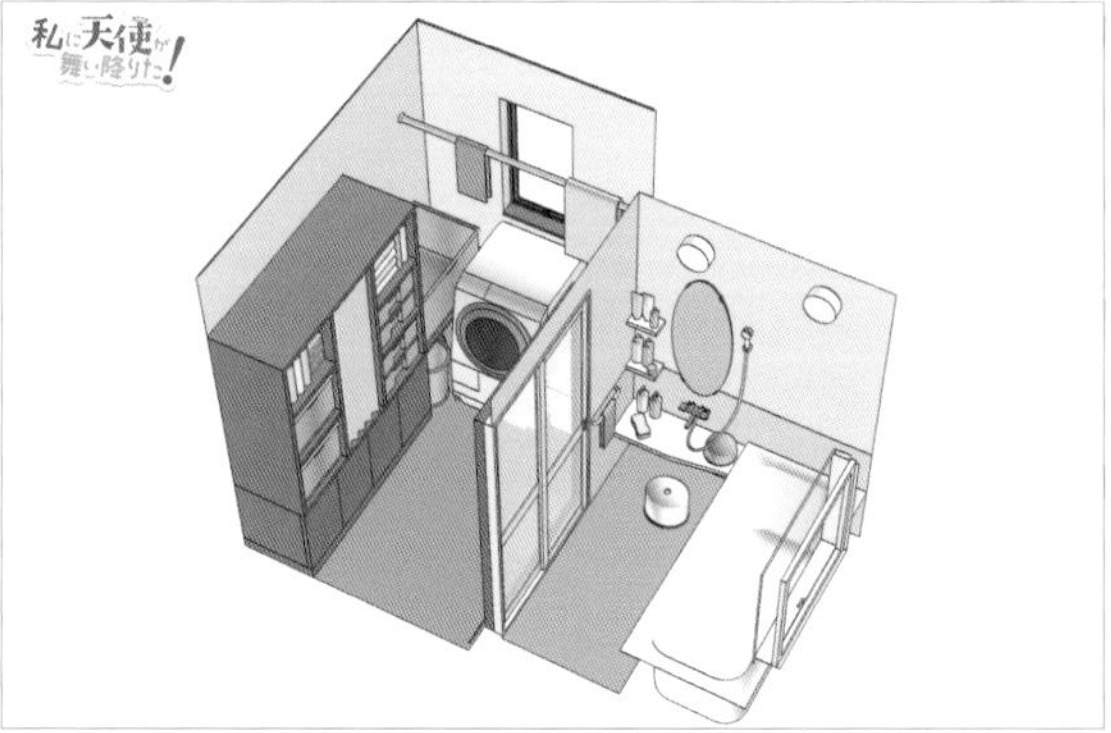


▲お風呂、脱衣所

# みやこたちの出かけた場所設定

▲第 4 話　夏祭りの行なわれた神社

▲第 4 話　夏祭りの風景

▲第 10 話　ケーキ店

▲第 10 話　丘公園

# ミュージカル「天使のまなざし」舞台設定

▲人間の世界

▲人間の街

# 松本の秘蔵写真紹介

第9話に登場した松本の部屋のみやこの写真。そこにはみやこを追いかけ続ける彼女が密かに撮影した、みやこの日常が収められている。松本しか見たことのないみやこの表情を紹介しよう。

第9話 松本の部屋の様子

# Chapter2
# STORY

## OP

# 「気ままな天使たち」

作詞：ZAI-ON　作曲：Eternal Truth
編曲：伊賀拓郎／WEST GROUND

## ED

### 「ハッピー・ハッピー・フレンズ」

作詞：ZAI-ON　作曲：Eternal Truth
編曲：伊賀拓郎/WEST GROUND

第1話

# もにょっとした気持ち

脚本：山田由香／絵コンテ・演出：平牧大輔／作画監督：山野雅明／総作画監督：中川洋未

とある春の日、いつものように家でコスプレ衣装の制作をしていたみやこの前にひとりの「天使」が現れた。妹のひなたが、クラスメイトの友だちである花を連れてきたのだ。天使のようにかわいらしい花にひと目惚れしたみやこは、花に自分の作ったコスプレ衣装を着てほしいと思い彼女と友だちになろうとするが、緊張して挙動不審になってしまったせいで花から警戒されてしまう。だがひなたから「(花は）食べ物あげればおとなしくなる」と聞いたみやこは、花にお菓子作りの腕をアピール。みやこの作ったお菓子を気に入った花は、ひなたの誘いに乗り星野家に泊まりで遊びに来ることに。花とひと晩楽しく過ごしたみやこは、花への「もにょっとした気持ち」を味わうのだった。

「私に——
天使が舞い降りた」

花をひと目見た瞬間から、顔が赤くなり動悸が止まらなくなったみやこ。ただでさえ人見知りで人前で緊張してしまう彼女だが、花の前ではいつもより緊張していた。

「それ以上近づいたら
通報するから」

花と握手をしたみやこは、すべすべな花の手の感触が愛おしくてつい手をさすってしまった。ドン引きした花はみやこを警戒するが、お菓子を食べたら機嫌を直していた。

「…そ、そこまでいうなら、
着てあげてもいいですけど」

みやこは泊まりに来た花に、「私の作った服着てくれるなら、花ちゃんの食べたいものなんでも好きなだけ食べさせてあげる」とアピール。花はその誘いに負け、写真撮影に協力する。

花と一緒に寝ることになって、困惑するみやこ。自分の作ったお菓子を「おいしかったです」と笑顔でほめてくれる花を見て、みやこはますます気持ちを募らせる。

「なんか…もにょっと」

花が帰ったあと、試しにひとり部屋でコスプレ衣装を着てみたみやこ。すると誰もいないはずだった隣の家に謎の女の子がおり、思いっきり見られていたことに気付く……。

「白く輝く奇跡の花、ホワイトリリィ!」

# 第2話　サイキョーにカワイイ

脚本：山田由香／絵コンテ：山﨑みつえ／演出：金 成旻、藤原佳幸／
作画監督：武藤 幹、矢野桃子、徳永さやか、中島大智、板倉 健／総作画監督：松浦麻衣

## 「そのかわりに私の言うこと なんでも聞いてくれるよね?」

自分がこっそり部屋でコスプレしていたことを謎の女の子に見られ、嘆いていたみやこ。するとその日、星野家に隣の家にいた謎の女の子がやってくる。彼女は転校生の乃愛で、転校早々ひなたと友だちになったようだ。乃愛はみやこがコスプレをしていたことをみんなに秘密にする代わりに、みやこの作ったコスプレ衣装を着てみたいと要求。最初はただコスプレを楽しんでいたが、みやこが「花ちゃんのほうがかわいい」と言い出したことから対抗心を燃やし、花に「コスプレ勝負」を挑む。みやこの審査では花が一番になり落ち込む乃愛だったが、ひなたに褒められて思わず笑顔に。それ以来乃愛は自分のかわいさに磨きをかけるため、たびたび星野家を訪れるようになるのだった。

星野家を訪れてみやこを発見した乃愛は、まるでみやこを挑発するような態度を取る。そんな彼女のちょっと悪そうな顔を見て、みやこは「悪魔……!?」と戦慄していた。

## 「なんでアタシが最下位…」

自分が花よりもかわいいと証明するため、花やひなたを巻き込んで「コスプレ勝負」を仕掛けた乃愛。
だが明らかにひいきをしているみやこの採点に落ち込んでしまう。

## 「ハメられた…」

ひなたに褒められて元気になった乃愛は、みやこにもコスプレ勝負に参加するよう促した。みやこはみんなの前でコスプレをすることになるが、花から「かわいい」と言われて満更でもない様子。

星野家でかくれんぼをしていたみやこ。押し入れに隠れていると、花が入ってきて一緒になる。すると花がみやこの服のお菓子の匂いを嗅ぎだして、みやこはドキドキが止まらない!

「ふーん、いいにおいですね」

みやこの審査では花が一番になってしまうと気づいた乃愛は、花とは勝負しないことにする。そして一番自分をかわいく撮った人が勝ちという勝負を提案するのだった。

「サイキョーにカワイイアタシを撮ろう!」

ひなたから「乃愛に一番似合う」と言われながらジャージを渡され、乃愛は落ち込んでしまう。「とにかく持ち上げて」という周囲のアドバイスを聞いたひなたは、乃愛をお姫様抱っこ!

「元気出たか？」

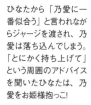

# 第3話 刷り込み

脚本：山田由香／絵コンテ：山﨑みつえ／演出：ふじいたかふみ／
作画監督：山野雅明、板倉 健、吉川真帆、中野裕紀／総作画監督：中野裕紀

学校の宿題で、オリジナルのすごろくを作ることになったひなたは、花と乃愛を誘って「みゃー姉すごろく」を作り出した。そのすごろくは、止まったマスに書いてある「●●をやる」という指示をみやこがやらなければならないという恐るべきルールだった。ひなたによれば、すごろくを作った真の目的はみやこの人見知りを矯正することだった。それを聞いたみやこは「ひなたに心配されないようがんばる」と決意するが、長くは続かなかった。後日、ひなたはみやこが家に連れてきた花や乃愛ばかりかわいがって、自分をかまってくれないことにいじけてケンカをしてしまう。そんなひなたの様子を見ながら、みやこはひなたが生まれた直後から自分に懐いていたことを思い出した。

「わああああ!
なんでかのばっかり!
私も頼ってよ!」

学級委員の小依は、「わからないことがあったら学級委員の私たちを頼るのよ!」と張り切るが、ひなたやクラスメイトたちは隣の夏音にばかり質問を投げかけていた。

「というわけで、みゃー姉をテーマにしたすごろくを作った!」

みやこをテーマにしたすごろくというわりに、その内容は「笑顔で挨拶する」などのことをみやこにしてもらうものだった。みやこが怪しむと、花はこのすごろくがみやこの人見知りを治すために作られたものだと素直に教えた。

花が「ハグする」という指示の書かれたマスに止まり、大興奮するみやこ。鼻息を荒くして近づいてくるみやこが怖くなった花は、つい思いっきりビンタしてしまう。

「離れてっていってるでしょ!!」

「……わかんないけど、
ずーっとみゃー姉が一番好き！」

ある日花は、ひなたはどうしてそんなにみやこが好きなのか疑問に思う。とくに理由もなく、昔からひなたがみやこを好きだったことから、花は小さいころからの「刷り込み」だと考えた。

「みゃー姉のアホーーー!!」

花と乃愛の撮影に夢中になり、自分にかまってくれないみやこの態度に怒ってしまったひなた。みやこに思いっきり膝カックンをしたのちに、部屋から出ていってしまった。

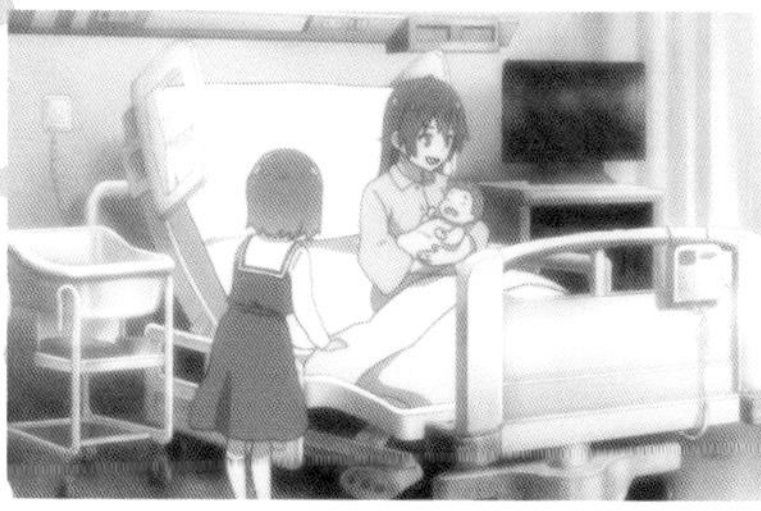

「……お姉ちゃんが
いるのは
いいな。私、
ひとりっ子だし」

ひとりっ子の花は、「お姉ちゃん」という存在に憧れているようだ。だがひなたが「少しだけならみゃー姉を貸してあげてもいい」と言うと、そっけなく「いらない」と返していた。

# 第4話 ちょっとお話よろしいですか？

脚本：志茂文彦／絵コンテ：越田知明／演出：由井 翠／
作画監督：矢野桃子、中島大智、板倉 健、山野雅明、武藤 幹、千葉啓太郎

ひなた、花、乃愛はみやこが家の庭に準備したビニールプールで遊んでいた。おしゃれな水着を着てきた乃愛は家のプールを前にテンションを下げるが、何だかんだ言いながらひなたと仲よく水をかけ合っている。花も美味しいスイーツをたくさん食べられて大満足。そんな楽しい光景から、彼女たちの夏休みはスタートした。夏休みの宿題だった粘土の工作を終えたひなたたちは、次にみんなで夏祭りを楽しむことに。人混みを嫌がったみやこは別行動をしながら花の様子を隠し撮りしていたが、警察官に見つかり捕まりそうになってしまう。ひなたたちが助けてくれたおかげでみやこは無事解放されたが、なぜかひなたによって「みやこが盗撮犯を捕まえた」という話が広がってしまった。

「……もー、ヒナタちゃん。怒ったかんねー!」

水鉄砲で水を掛け合いながら、楽しそうにしているひなたと乃愛。花はそんな２人の様子を見ながら、陽の当たらない場所でかき氷をおいしそうに食べていた。

「みゃー姉、できたぞ!」

「お風呂のなかで! かき氷を食べる!」

プールでの水遊びを終えたひなたたちは、３人でお風呂に。そして「お風呂のなかでかき氷を食べる」という背徳感あふれる遊びをしていたが、かき氷をお風呂に落としてしまった。

夏休みの宿題で思い思いの粘土像を作っていたひなた、花、乃愛。ひなたはみやこの顔を作っていたが、みやこからは「生々しすぎる」と嫌がられてしまっていた。

「お姉さんも来たんですね」

ひなたに誘われて、夏祭りに行くことになったみやこ。人混みを嫌がるみやこは拒否しようとしたが、花の浴衣姿を見られるかもしれないと思い、出かけることにする。

「うん、よりちゃんには
赤が似合うと思うから」

夏祭りに来ていた小依は、輪投げの景品の光るブレスレットを取ろうとするが失敗して落ち込んでしまう。だが夏音が自分の取ったブレスレットをあげると、小依は笑顔になった。

「いいんだ、みんなが笑顔なら
それで」

警察から不審者と思われたところを助けられたみやこは、みんなに奢ることになってしまう。みやこは空になった財布を見ながら、みんなの笑顔が見られればと自分を納得させていた。

# 第5話 いいから私にまかせなさい！

脚本：志茂文彦／絵コンテ：福田道生／演出：鳥羽 聡／
作画監督：西川絵奈、渥美智也、市原圭子、立口徳孝、徳永さやか／総作画監督：松浦麻衣

みんなから頼られたいと思っている小依。調理実習でひなたたちと同じ班になった彼女はみんなをリードしようとするが、お菓子作りの経験がないせいでうまくいかない。夏音のフォローでどうにかクッキー作りを終えたが、花は「お姉さんのクッキーには遠く及ばない」と厳しい採点。その言葉でますますみやこに興味を持った小依と夏音は、星野家へ遊びに行くことに。そこで彼女たちはみやこの実態を知るが、小依は「友だちがいないなら私がなってあげるわ」と頼られることを喜んだ。後日、小依は夏音から頼ってもらうため、彼女の両手を縄跳びで縛ることを思いつく。想像よりもきつく締まり小依は焦ってしまうが、小依に絶対の信頼を寄せる夏音はずっと笑顔を絶やさなかった。

「まかせなさい！　お菓子なんて
作ったことないけど」

お菓子作りの経験がないはずなのに、なぜか自信満々だった小依。お菓子作りが得意な夏音は彼女をフォローしようとするが、おかげで夏音ばかり頼られて小依はいじけてしまう。

尾ひれのついたうわさを信じていた小依と夏音は、みやこが完璧な人物だと思っていた。みやこは２人の期待に応えるため「すごいお姉さん」を演じようとするが、すぐにくじけてしまう。

「わ～。うわさどおり、すっごい美人さん」

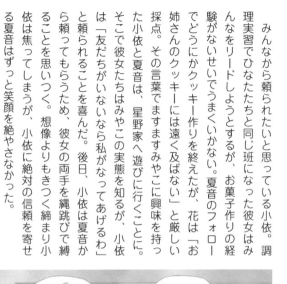

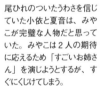

2人の前で自分はダメな人間だと白状したみやこ。すると夏音は自分たちのために苦手なことをがんばってくれてありがとうと言いながらみやこを優しく抱きしめるのだった。

「あ……なんか久しぶりに
人に優しくされた気がする」

「うん、信じてるよー」

夏音は幼稚園のころ、小依が自分の風船を必死になって取ってくれた思い出をみんなに話す。このときの経験から、夏音は小依がいざというときは頼りになる子だと信じているのだ。

固く結ばれた縄跳びをほどこうとがんばる小依は、小依を自分の家に連れていき、食事などのお世話をする。お風呂場で縄跳びをほどいた小依は、勢い余って夏音とお風呂に飛び込んでしまったが、2人で仲よく笑い合っていた。

「よーし、一気に！」

# 第6話 みゃー姉に友だちはいないぞ

脚本：山田由香／絵コンテ・演出：上坪亮樹／作画監督：山野雅明、矢野桃子、小田景門、中島大智、西川絵奈、藤田真弓、永田文宏、池添優子、乘冨 梓／総作画監督：中野裕紀、菊永千里、菊池政芳、海保仁美

ある日、みやこはひなたの遊びの誘いを「大学に行くから」と断る。その言葉を信じられないひなた、花、乃愛がみやこの後をつけていくと、彼女はたしかに大学に通っていた。みやこを見失いキャンパス内で迷子になった3人は、「ここにいればお姉さん来ると思うから」と語る謎の女性に助けられる。３人はみやこと合流できて喜んだが、みやこはなぜ自分の行き先が知られていたのか不思議がっていた。その後、ひなたたちがみやこと一緒に帰っていると、先ほど3人を助けた女性が後ろからこっそりついてきていた。その女性――松本は、高校時代から人知れずみやこの追っかけをしている人物と判明。みやこは松本の存在を気味悪く思うが、松本に押されて彼女の友だちになる。

「お姉さん、ニートじゃなかったんですか？」

創立記念日で学校が休みだったため、平日の午前中から星野家に遊びに来ていた花と乃愛。彼女たちはみやこの「お昼から大学行く」という言葉に驚き固まってしまう。

「久々の外、気持ちいいな。なんかこういうのもいいかも」

3人と一緒に帰ることになったみやこは、評判のお店でチーズケーキを買ってみんなで食べることに。おいしそうに食べる花を見ながら、みやこはのどかな雰囲気を満喫する。

「みゃー姉に友だちはいないぞ」

ひなたに見つかった松本は、自分はみやこの友だちだと言い張っていた。だがひなたは「みゃー姉に友だちはいないぞ」と言い放ち、ますます松本のことを怪しんでしまう。

「これをぜひ星野さんに
着てもらいたいの！」

星野家に現れた松本は、みやこにアニメに登場するメイドのコスプレをしてほしいとお願いする。最初は嫌がるみやこだったが、ひなたを味方につけた松本の押しに屈してしまう。

「えっと、こ…香子ちゃん…？」

みやこが自分の作ったコスプレ服を着てくれて感激した松本は、次に自分のことを名前で呼んでほしいと要求。みやこが試しに呼んでみると、松本は感激のあまり倒れてしまった。

みやこが極度の人見知りだと改めて目の当たりにした花は、みやこがなぜ自分と友だちになろうと思ったのか疑問に思う。そして無理をしてでも自分と仲よくなりたいと思ってくれたみやこの心をうれしく思うのだった。

「どうして私と友だちに
なろうと思ったんですか？」

# 第7話 みゃー姉が何いってるかわかんない

脚本：志茂文彦／絵コンテ：外成孝二／演出：金 成旻、藤原佳幸／
作画監督：福井麻記、浦野達也、青野厚司、竹本未希、山﨑絵里、西川絵奈／総作画監督：中川洋未

風邪を引いたときに母親ではなくみやこに看病してほしいとワガママをいうほど、みやこが大好きなひなた。だが遊びに夢中になるあまり、みやこの誕生日を忘れてしまう。その後日から「みゃー姉強化期間」と称してますますみやこにべったりするひなた。このままではひなたがダメになるかもしれないと思ったみやこは、誕生日プレゼントとしてひなたにもらった「なんでもやる券」を使い、5日間一緒にお風呂に入ったり寝たりすることを禁じるとひなたに命じた。みやこに突き放されて悲しむひなたを見かけた乃愛は、自分がみやこの代わりになると決意。ひなたはしばらくみやこに変装した乃愛に甘えていたが、期限が訪れた瞬間、乃愛のもとを離れみやこの胸に飛び込んでいった。

## 「みゃー姉ひとりじめにできるのに寝てる場合じゃねぇ!」

熱が出ているにもかかわらず、「みゃー姉が家にいないなら学校に行く」と言い出すひなた。みやこが大学を休んで家に残ることにすると、ひなたはぱっと喜んでいた。

## 「私にうつしてひなたが元気になるならいいよ」

熱が下がったひなたは、もしかしてみやこに自分の風邪をうつしたのではないかと心配する。それに対してみやこは、ひなたが元気になるならそれでいいと、お姉さんらしい顔を見せた。

急遽みやこの誕生会が開かれることになると、花は「用事がある」と家を出ていった。しばらくして戻ってきた花は、誕生日プレゼントとしてみやこに髪飾りを渡す。

## 「それはいつも美味しいお菓子のお礼とかそんな感じですから

## 「ひなたは明日から5日間、私と距離を置くように!」

みやこはひなたが自分に甘えてばかりいると、ひなたまで将来引きこもりになってしまうのではないかと心配する。だからみやこは、あえてひなたを突き放す選択を取った。

みやこに突き放されてさみしがるひなたは、みやこに変装した乃愛にべったりしていた。乃愛はどんな形であれ、ひなたが自分に甘えてくれることがとてもうれしかった。

## 「みゃー姉! みゃー姉!」

ひなたにべったり甘えられていた乃愛は、期限である午後5時になってもひなたは自分から離れないと信じていた。だが時間が訪れるとひなたはみやこのもとに戻り、切なさを感じる。

## 「わかってた。アタシはしょせんミャーさんのかわりだって……」

# 第8話 知らないほうが幸せなこともあるよ

脚本：山田由香／絵コンテ：原口 浩／演出：ふじいたかふみ／
作画監督：山野雅明、武藤 幹、市原圭子、矢野桃子、中島大智、金 璐浩、上野沙弥佳、
宮野 健、永田文宏／総作画監督：松浦麻衣、菊永千里、菊池政芳、海保仁美

母の千鶴から自分の服くらい自分で買ってこいと言われ、ひなたと一緒に出かけることになったみやこ。結局服は買えなかったが、新しい服を作るための生地を買って満足そうにしていた。するとみやこのもとに、幼い女の子が近づいてくる。見知らぬ女の子に「みゃーこ」と呼ばれ、困惑するみやこ。その後、その女の子は松本の妹・ゆうであり、彼女は松本の盗撮写真を見てみやこを知っていたとわかった。一方、一緒に買物に来ていた花と乃愛は、途中で飼い主とはぐれた犬を発見する。後にそれは松本の飼い犬だと判明したが、松本が自分の犬に「みやこ」と名付けていたことを知り2人はドン引き。花と乃愛はみやこにショックを与えないよう、その真実を伏せておこうと誓っていた。

「おとなになったら
みゃー姉はわたしが養うから!」

千鶴の「みやこのことはひなたに任せようかな」という冗談を真に受けて、みやこは自分が養うと宣言するひなた。それを見た千鶴は、ますます2人のことが心配になってしまう。

「余った生地で花ちゃんのコスも
作れば…一石二鳥、完璧だ!」

洋服店で服を選んでいた最中、店員に話しかけられて怯えてしまったみやこ。ひなたに助けられたが結局恥ずかしくて洋服店に戻れず、コスプレ衣装にも使える生地を買うのだった。

「……お姉さんが休日に家に
いないなんて嘘ですよね?」

たまたま星野家を訪れた花は、みやこが珍しく出かけていることを聞き驚愕。帰ろうとしたところで乃愛と遭遇し、そのまま2人で「買い物デート」をすることになった。

## 「あの犬、松本さんの犬だったんだ……」

買い物デートの途中、首輪に「MIYAKO」と描かれた犬を見つけた乃愛と花。乃愛が犬を怖がる花の様子をおもしろがっていると、そこに犬を探しに来た松本が現れて……。

「妹が迷子になった」という松本に付き合ってゆうを探していた花と乃愛は、ゆうがみやこ、ひなたといるところを発見。2人は松本が犬に「みやこ」と名付けていた事実を黙っていることに。

## 「知らないほうが幸せなことってあるよ」

## 「やっぱり私たち、運命なのかしら? ぐふふふふふ」

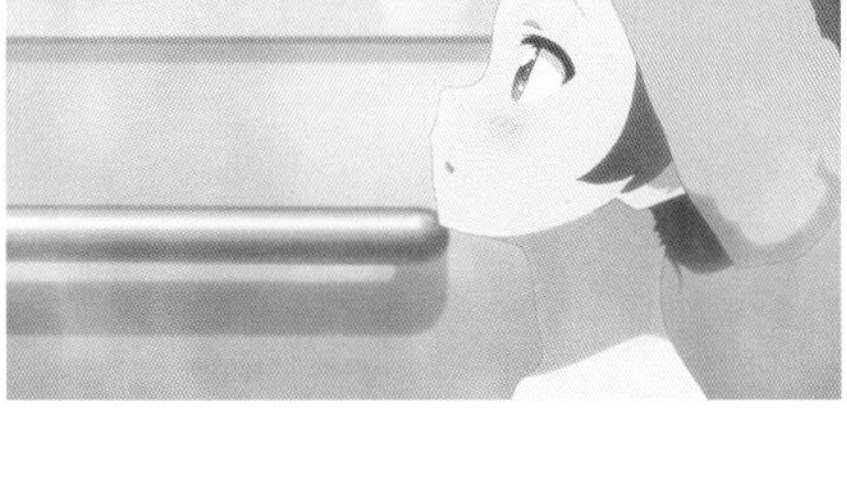

街中でみやこと出会え、しかも彼女が妹のゆうを保護してくれていたことがうれしくてたまらなかった松本。妹が見つめるなか、今日の光景を思い出して変な笑い声を出すのだった。

# 第9話 私が寝るまでいてくださいね

脚本：山田由香／絵コンテ：福田道生／演出：鳥羽　聡／作画監督：渥美智也、西川絵奈、山野雅明、徳永さやか、小田景門、板倉 健、中島大智、長尾圭吾、山﨑輝彦、菅原美智代、池添優子、乗冨 梓／総作画監督：中野裕紀、菊永千里、菊池政芳、海保仁美

母親にもらった映画の招待券を使って、ひなたと2人で遊びに行くことになった乃愛。朝からサンドイッチを作り張り切っていたが、テンションが上がりバッグを振り回してしまったせいで、中身がぐちゃぐちゃになってしまっていた。乃愛は落ち込むが、ひなたは何も気にせずサンドイッチを食べる。ひなたの無自覚な優しさに改めて惚れ直した乃愛は、ひなたとのデートを満喫する。その翌日、星野家でお泊まり会をしていた花は、乃愛の提案で見たホラー映画があまりに恐ろしくて、ひとりでトイレに行けなくなってしまう。みやこが「私のことをお姉ちゃんと思っていいよ」と言いながら花を励ますと、安心した花はみやこを「お姉ちゃん」と呼び、そのまま眠りについた。

「ヒナタちゃんとアタシのふたりで映画…」

乃愛が映画を見に行こうとみんなを誘うと、みやこと花は用事があるからと断る。ひなただけ予定が空いていたため、図らずも乃愛はひなたと２人きりのデートをすることに。

「…もー、ヒナタちゃん…。そういうとこだよー」

ぐちゃぐちゃになったサンドイッチを前に乃愛は落ち込むが、乃愛が謝る前にひなたはサンドイッチを食べ終え「んまい」と口にする。朝早く起きて作ってよかったと、乃愛は感激した。

「中学生になったらみゃー姉とおそろいのかっこうするんだ!」

お泊まり会で昔のアルバムを見せてもらった花と乃愛は、中学時代のみやこがカラーコンタクトや眼帯など「中二病」っぽい格好をしている写真を発見。ひなたが真似をしだし、みやこは恥ずかしくなってしまう。

「みゃー姉は嫁にやらんぞ!!」

みやこの作った料理をおいしそうに食べていた乃愛は、何気なく「ミャーさんはいいお嫁さんになれるね!」と発言。みやこは喜んでいたが、なぜかひなたが怒り出してしまった。

ホラー映画を見たいと言い出した乃愛は、怖いシーンでひなたに抱きつきなどしながら映画を楽しんでいた。その横で一緒に見ていた花は、本気で怖がってしまう。

「ホラー見て怖がっていると
いつもよりかわいく見えるんだよ?」

みやこは花が寝られるまで、そばで付き添うことに。ひとりっ子の花は、姉妹関係にちょっと憧れていたことをみやこに告白しながら、少しだけ彼女に甘えるのだった。

「それじゃあ寝るまで
そばにいてね
みやこお姉ちゃん?」

# 第10話 また余計なこと言っちゃった。

脚本：志茂文彦／絵コンテ：原口 浩／演出：大隈孝晴／
作画監督：市原圭子、武藤幹、矢野桃子、山野雅明、中島大智、金 璐浩、上野佐弥佳、
宮野 健、永田文宏／総作画監督：松浦麻衣、菊永千里、菊池政芳、海保仁見

星野家で髪型のアレンジに挑戦していたみやこたち。するとその途中に花が、「みやこは目を出していたほうがかわいい」と口にする。そのときみやこは、花と目を合わすことを気恥ずかしいと思っている自分に気づくが、なぜそうなのかうまく言葉にできなかった。そして後日、みやこは街で評判の限定シュークリームを買うため、花と2人きりでお出かけをすることに。花が買ったシュークリームを食べながら「お姉さんのシュークリームのほうが私は好き」と言ったことに感激したみやこは、「私は一生、花ちゃんのためにお菓子作ってあげるから！」と断言。花は驚きながらも、「お菓子一生食べ放題」という欲望に釣られて、「よろしくお願いします」とみやこに返していた。

「あ……えっと……わ……私も……その……」

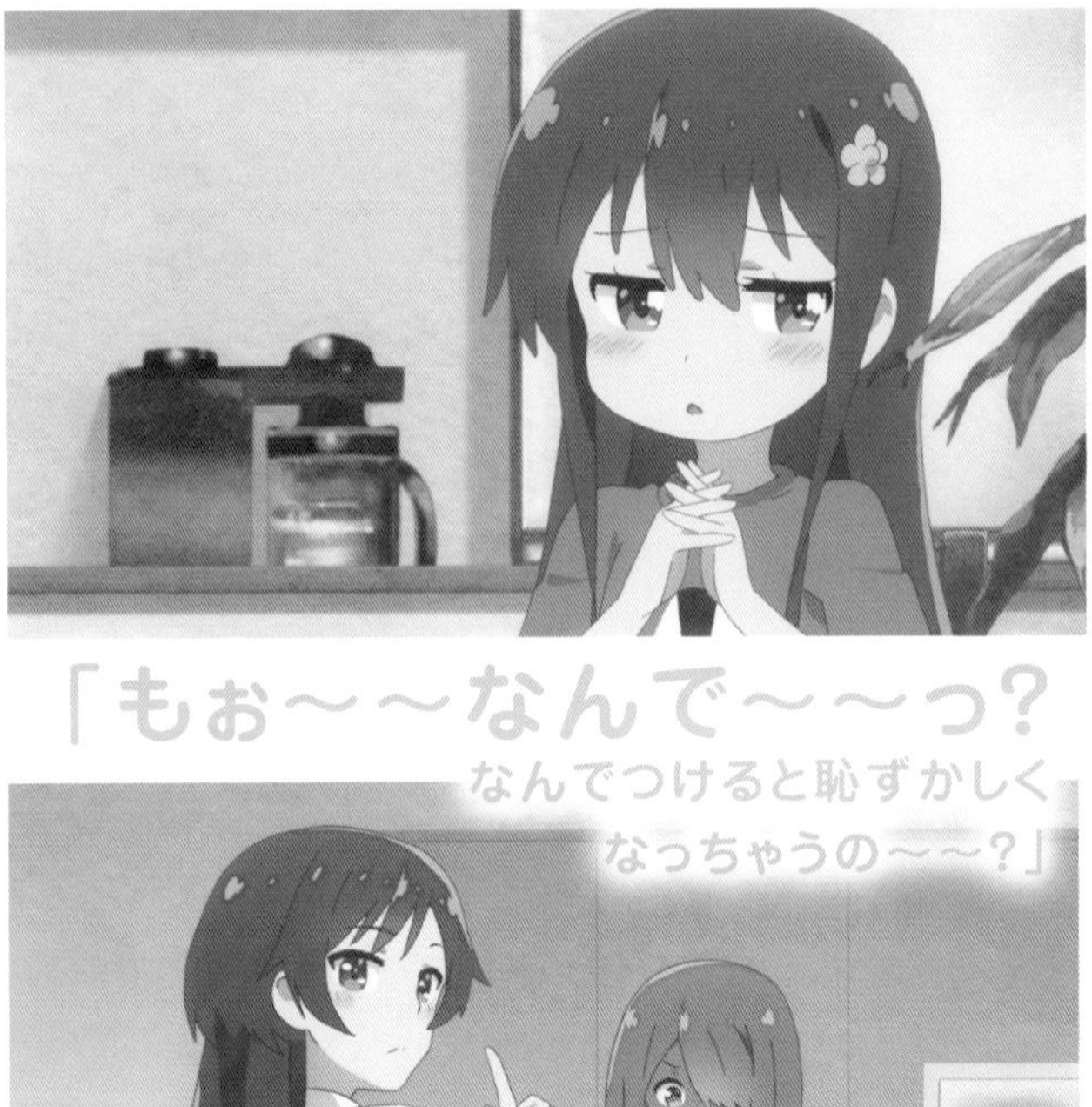

「もぉ～～なんで～～っ？
なんでつけると恥ずかしくなっちゃうの～～？」

「心の友ってことね！」

花は乃愛のヘアアレンジに挑戦したが、乃愛には不評だった。みやこが乃愛やひなたの髪を上手くアレンジする様子を見ていた花は、もじもじしながら自分もしてほしいとみやこにお願いする。

松本に「どうして花を特別扱いしているのか」と聞かれ、みやこは答えに窮する。ひなたから話を聞いた松本は、つまり心の友みたいな感じなのかと勝手に納得していた。

花は評判のシュークリームを買うため一緒に来てほしいとみやこを誘いに来た。自分もみやこと買い物に行きたいひなたは花とジャンケン勝負をするが、花にあっさり敗れる。

「わたしがみゃー姉と出かけたかったぁーー!」

もしお姉さんが家を出て遠くに行ってしまったら、もうお姉さんのお菓子を食べられない――。そんな不安を口にする花に対して、みやこは自分は生涯花のそばにいると宣言する。

「私は一生、花ちゃんのためにお菓子作ってあげるから!」

「よろしくお願いします」

ふと我に返り、「一生」という重い言葉を使ってしまったことを恥ずかしがるみやこ。だが花はあまり深いことを考えず、これからもみやこのお菓子をずっと食べ続けられると喜んでいた。

## 第11話 つまりお姉さんのせいです。

脚本：山田由香／絵コンテ・演出：上坪亮樹／作画監督：宇佐美翔平、櫻井拓郎、柳瀬譲二、山口光紀、七霊石、王 敏、周 健、朱 暁林、芝 晨鍾、菅原美智子、藤田真弓、金　璐浩、上野紗弥佳、宮野 健、永田文宏、乗冨 梓、山崎 淳、板倉 健、矢野桃子／総作画監督：中野裕紀、中川洋未、菊永千里、菊池政芳、海保仁美

文化祭で行なうクラスの演劇で、主役の天使役に選ばれた花。選ばれた理由は、みやこがよく花のことを「天使」だと言っていたからだという。花から責任を追求されたみやこは、演劇に使う衣装作りを手伝うことになった。松本の手も借りながら、みやこたちはみんなで協力して天使の衣装を完成させる。そして文化祭当日、人目を避けるためマスクとサングラスをつけて学校に行ったみやこは、職員から不審者と思われてしまう。ひなたに助けられて無事学校に着いたみやこは、出し物をめぐりながらスタンプカードを埋めたいという花たちに付き合い、楽しい時間を過ごす。だがひなたたちは文化祭を楽しみすぎるあまり、劇の開演時間を忘れかけてしまっていた……。

「全部お姉さんのせいってことですね。責任とってください」

責任を取ってほしいと花から言われたみやこだが、文化祭の衣装を全部自分が作るのはちょっと違うから、あくまでみんなの手伝いをすると提案。みやこがまともな考えをしていたことに乃愛は驚いていた。

「はじめての共同作業ね！がんばりましょう」

衣装作り当日、ひなたに呼ばれた松本は「手伝う代わりに連絡先を交換してほしい」とみやこにお願いする。そしてこれでいつでも連絡を取り合えると喜んでいた。

「はー、やっぱり人多いなー…、もーやだな…。ふー」

文化祭の当日、みやこは人混みを嫌いながらも、せっかくだから自分も行かなくてはならないと決意。それを見ていた千鶴は、みやこも成長したなと涙を流し感激していた。

「今度はボウリングで勝負よ、花ちゃん!」

花たちと一緒に出し物をめぐることになった小依は、ゲームを器用にこなす花に対抗心を燃やし、勝負を仕掛ける。だが小依はことごとく、ドジで自滅してしまった。

文化祭でお化け屋敷お手伝いをしていた花の母親・春香は、みやこと花の仲睦まじい様子を微笑ましく見ていた。するとひなたと乃愛も両側から花の腕を取り、仲よしアピールをする。

「みゃー姉だけじゃなくて
わたしたちも仲良しだぞ!」

「なんかガラ悪い人が…
ってお姉さん!?」

劇を前に緊張していた花がふと客席を見ると、そこにはサングラスをかけて席でガムを噛んでいるみやこの姿が。そのガラの悪さに笑ってしまった花は、いつしか緊張が解けていた。

## 第12話 天使のまなざし

脚本：山田由香、平牧大輔／絵コンテ：平牧大輔／演出：平牧大輔／作画監督：山野雅明、松浦麻衣、渥美智也、中島大智、武藤 幹、小田景門、市原圭子，板倉 健、矢野桃子、中野裕紀、山崎 淳、Seo Seung Hye、Lee Juhyeou ／総作画監督：中川洋未、菊永千里、菊池政芳、海保仁美

5年3組の出し物のタイトルは「天使のまなざし」。花の扮する天使アネモネが人間のデイジーに想いを寄せ、自分も人間になりたいと願う物語が展開するミュージカル調の演劇だった。大天使の試練を乗り越えてアネモネは人間となるが、試練を受けている間に人間界では長い時間が経過しており、デイジーはすでに亡くなっていて……。そんな切ない物語は多くの感動を呼び、劇は大好評のうちに終わった。終了後、ひなたのクラスメイトたちから「衣装作りを手伝ってくれてありがとう」とお礼を言われたみやこは、気恥ずかしくなり逃げ出してしまう。校舎裏に隠れているみやこを見つけた花は、人見知りなのに自分の出ている劇を見に来てくれたみやこに感謝をするのだった。

## ミュージカル「天使のまなざし」キャスティング

### カルミア

デイジーと一緒にスイーツのお店をしている女の子。しっかりした働き者。

### デイジー

カルミアと一緒にスイーツのお店をしている女の子。アネモネが気になっている。

### アネモネ

生まれたての天使。人間に愛を届ける立場だが、自分がデイジーを愛してしまう。

### スイ

人間に愛を届ける天使。レンと仲よしで、いつも２人一緒に行動している。

### レン

人間に愛を届ける天使。アネモネに先輩天使として、手本を見せようとしていた。

### 姉妹

デイジーとアネモネのお店にスイーツを買いに来ていた姉妹。

### マリー

デイジーの孫。おばあちゃんの跡を継いでスイーツを作っていたときにアネモネと出会う

### 天使長カルム

偉い立場にいる天使。アネモネにデイジーと結ばれるための道を示していた。

## 「わたしたちが案内してあげるわ！ おいで、アネモネ！」

生まれたての天使アネモネは、先輩天使のスイ、レンと出会う。スイとレンに導かれながら、アネモネは色とりどりの花が咲く天使の国をめぐっていた。

## 「はぁ～素敵な出会い、ないかしら？」

人間に愛を届けることが天使の使命だと先輩たちに教わったアネモネは、愛を求める人間を探していた。そこで彼女は、恋に恋する人間の女の子・デイジーを発見する。

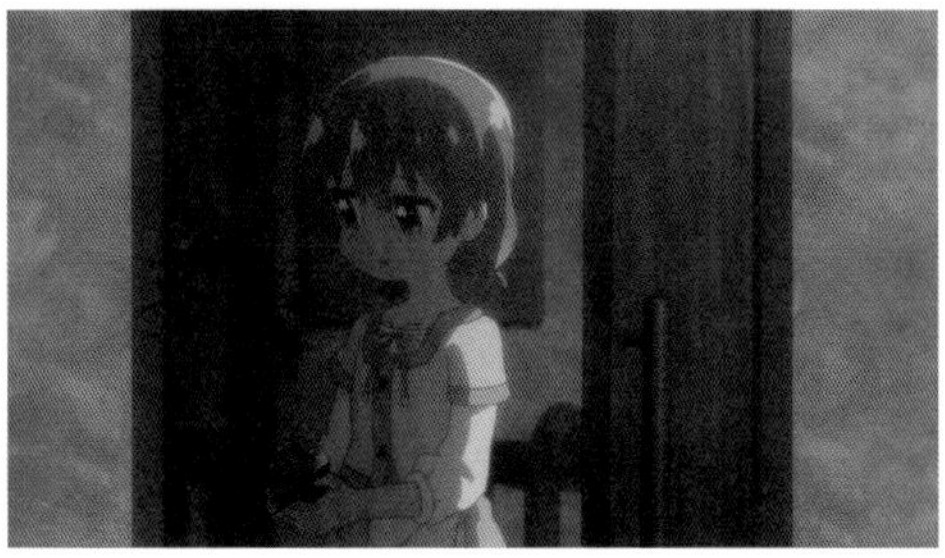

デイジーを見て以来、彼女への「もにょっとした気持ち」が止まらないアネモネ。だがデイジーは「天使のあなたとは結ばれることができない」と悲しそうにしていた。

## 「あなたに会いに来たの。 私のこの気持ちを確かめるために」

アネモネはデイジーと同じ時間を生きるため、人間になることを決意。試練を乗り越えて人間となったアネモネだったが、彼女が人間界に着いたころ、デイジーは亡くなっていた。

「じゃあ、あなたがあの天使？」

「いつか天使のような人が来たら
食べさせてあげたいって」

デイジーと結ばれることができなかったアネモネは、やがて消える運命にあった。それでもデイジーが生涯自分を想ってくれたことを知ったアネモネは、マリーに看取られながら最後まで笑顔でいることができた。

デイジーの孫・マリーと出会ったアネモネ。マリーは幼いころ、デイジーからずっと天使の話を聞いていたという。アネモネはマリーのお店を手伝うことにするが……。

「天使たちは人と愛を
結びつなぐー♪」

「え…なんで？
やだ、行かない」

劇が終わり、ひなたたちに「よかったよ」と感想を告げるみやこ。すると彼女は、ひなたに引っ張られ教室まで連れて行かれてしまう。みやこは行きたくなさそうにしていたが……。

ひなたのクラスメイトにとってヒーローのような存在であるみやこは、握手を求められたりたくさん質問されたりと、大変なことに。花は大変な目に逢い逃げ出していたみやこを優しく励ました。

「お姉さんの一生懸命なところは
私、嫌いじゃないですよ」

「あぁ、もにょっとする。あのときと同じ……」

花に励まされたみやこは、初めて花と出会ったときに感じた「もにょっとした気持ち」を改めて感じる。そして花が、自分にとってかけがえのない存在であることに気がついた。

OVA

# 私がお姉ちゃんだよ

脚本：山田由香／絵コンテ：福田道生／演出：上坪亮樹、平牧大輔／総作画監督：中川洋未、菊永千里、菊池政芳、海保仁美／作画監督:櫻井拓郎、宇佐美翔平、ニコティ、藤田真弓、菅原美智代、金　璐浩、上野沙弥佳、宮野 健、永田文宏、畠山 元、山野雅明、矢野桃子、久保茉莉子、立口徳考、小倉寛之、山崎 淳、平塚知哉

## 「来てよかったかも……」

EPISODE 01

### 期待を裏切らないね

千鶴に無理やりキャンプに連れ出されたみやこ。みやこは「帰りたい」と愚痴り続けていたが、千鶴はみやこの水着を用意しておくなど準備満々。みやこは仕方なく、ひなたたちと湖で水遊びをすることに。最初はテンションの低かったみやこも、花たちの姿をカメラで撮れて大満足。その後もバーベキューや花火などをしながら、楽しい時間を過ごしていた。

きれいな夜空を見上げながらキャンプに来てよかったかも……と思っていたみやこたちの前に、謎の不審者が現れた！　と思ったら不審者の正体は、みやこたちの様子を隠し撮りしていた松本だった。

## 「寄り添い続け……そしてついに、出会ったのでした!」

EPISODE 02

### 常に寄り添い

松本がみやこを初めて見たのは、高校1年生のとき。被服部の部室で黙々と作業に集中するみやこを目撃した松本は、その孤高なる姿に衝撃を受け、同時に憧れたという。それ以来彼女は、みやこにずっと寄り添い続けながら、勝手にライバル心を燃やし続けてきた。そして３年の月日が過ぎ、松本はついにみやこと邂逅を果たす……。

第６話で本格登場した松本だが、じつは登場以前からずっとみやこのそばに寄り添い続けていた。そんな松本の裏の活躍が見られるエピソードである。

## EPISODE 03 これに着替えましょう！

「いいな！ ひげろーゾンビ！」

町内会のハロウィンイベントに参加することになったひなたたち。それを聞いたみやこは、子どもたちに渡すためのお菓子を用意して待ち構えながら、花のかわいらしいコスプレ姿が見られると楽しみにしていた。だがそんなみやこの期待を裏切るように、花はひげろーの格好をしたゾンビのコスプレでみやこの前に現れるのだった。

花のコスプレ姿を妄想していたみやこ。するとそこに松本が現れて、みやこにもコスプレをするよう頼み込む。ゆうに押されたみやこは、仕方なく妖精のコスプレをすることに。

「ずーっと、仲よくしようね」

## EPISODE 04 私がお姉ちゃんだよ

まだひなたが生まれる前、みやこはぬいぐるみを使い赤ちゃんを抱っこする練習をしながら、新しくできる妹に早く会いたいと願っていた。そして時が経ち、みやこは生まれたばかりの妹・ひなたと対面する。ずっと泣いていたひなたは、みやこに抱かれた瞬間からすぐに泣き止んだ。そんなひなたの姿を見て、みやこも思わず笑顔になる。

第３話でも少しだけ触れられていた、ひなたが誕生したときのエピソード。ひなたは生まれたばかりのころから、ずっとみやこが大好きだったことがわかる。

# 私に天使が舞い降りた！ プレシャス・フレンズ

## 思い出作ろー！

## 2022年10月14日 劇場公開

10月14日に劇場にて公開される予定の新作アニメ『私に天使が舞い降りた! プレシャス・フレンズ』。本作ではみやこが花たちと初めての旅行に出かける物語が描かれる。初めてづくしの旅行のなかで、みやこや花たちはどんな思い出を作るのだろうか?

### 『私に天使が舞い降りた! プレシャス・フレンズ』 STORY

いつも仲良しの花、ひなた、乃愛、小依、夏音は今日もみやこの手作りお菓子を囲んでおうちで仲良くお菓子パーティー！　お花の形をしたクッキーは花のつけている髪飾りにそっくり。髪飾りは小さいころおばあちゃんからもらった花の大事な宝物で、その話に興味津々になったみんな。そして「修学旅行の練習」としておばあちゃんのおうちに遊びに行くことに…!?　みんなで”はじめて”のおでかけが始まります♪

で、わくわくな。

## 『プレシャス・フレンズ』イラストギャラリー

『プレシャス・フレンズ』第３弾キービジュアル
原画：中川洋未／仕上げ：長沼青／
色彩：石黒けい／撮影：工藤康史

# Chapter3
# INTERVIEW

# CAST INTERVIEW 1

## 星野みやこ役
# 上田麗奈

profile

上田麗奈（うえだ・れいな） 1月17日生まれ。富山県出身。81プロデュース所属。代表作は『機動戦士ガンダム 閃光のハサウェイ』ギギ・アンダルシア役、『世界最高の暗殺者、異世界貴族に転生する』クローディア・トウアハーデ役など。

## 女の子たちの魅力を引き出すための演じ方とは

**――まずは原作を初めて読んだときの印象を教えてください。**

上田：みやこが主人公ではあるんですけど、主役は周囲にいる小学生の女の子たちなのかな、という印象を受けました。みやこはあくまで女の子たちがワイワイしているのを愛でる立場。読者に近い目線の主人公なので読みやすいですし、みやこに感情移入することで、みやこが癒やしを感じたときに読者も癒やしを感じることができる。そんな作品だと思いました。とは言えみやこ自身がものすごく個性的なので、オーディションを受けるときは「演じきれるだろうか？」と緊張しましたね。

**――オーディションはみやこ役1本で受けていたのですか？**

上田：そうですね。みやこ役を受けるために読み始めたので、どうすればみやこを上手く演じられるかという視点から原作を読ませていただきました。自分が前に出るのではなく、自分が関わることで周りの女の子たちの魅力を引き出す存在だな、と感じていたので、オーディションにもそういった方向性で臨みました。

**――実際に演じてみての印象は？**

上田：引きこもりがちな性格をベースにしつつも、その上で花たちを純粋に愛でていけば、それがみやこの演技に繋がると気づきました。演じるなかでみやこがみんなのことを考えて寄り添っていることもわかりました。そういった優しさがあるからみんなと仲良くできるんでしょうね。

**――演じるなかで意識したことは？**

上田：言動が突飛だからこそ、アウトプットされる声は丸くて優しい印象になるよう意識しました。現実でも歳が離れた小さい子どもに接するときって、自然と態度がまるくなりますよね。周りが見えなくて暴走しがちなところがありますが、その暴走も誰かを嫌な気持ちにさせるためのものではないので、みやこの優しいところが声から伝わるように気をつけていました。5人が伸び伸びとかわいらしくいられるように、会話の受けのセリフもできるだけソフトタッチを心がけていたので、キャストの皆さんがやりやすかったならうれしいです。

**――掛け合いをしていてとくに印象に残ったのは？**

上田：花は初対面でひと目惚れするのも納得するかわいさですが、見た目だけでなく声やお芝居があわさってより魅力的に感じますね。花のちょっとした不器用さみたいなものを指出毬亜さんが生かしていらっしゃる印象です。しっかりしているようでどこか抜けているギャップが表現されているので、かなりメロメロになりました。花の声って低いトーンが多いんですけど、指出さんのもともとのお声がちょっと高めなので、喉的に演じるのが難しい場面もあったと思うんです。その難しい演技を一生懸命演じることが、結果的に花の雰囲気にマッチしていた気がします。

**――まさに指出さんがハマり役だったと。**

上田：花って、お菓子を食べるときは打って変わってほんわかとした雰囲気になるじゃないですか。指出さんも普段の座っている様子は凛とされていますが、差し入れのお菓子を食べるときはかわいらしく目を輝かせるのですごく花に似ているんです。花というキャラクターと指出さんのパーソナリティが合致していたから、より魅力的に感じた部分はあるかもしれません。

**――ほかにアフレコ時に印象的だった出来事は？**

上田：このキャスト陣で一緒にアフレコできたことが一番の思い出です。『わたてん』の統一感は全員で一緒に録ったからこそ生まれたものだと思うんですよ。今は感染病対策でアフレコの際は人数制限をしている現場がほとんどなので、みなさんと集まることができていた当時の現場の雰囲気そのものが強く印象に残っています。対面で直接掛け合いをすることで、みやこたちの日常がより魅力的に表現されていたと思います。

**――ひなたへの印象はいかがですか？**

上田：とにかくみやこのことが大好きで、無邪気で、見ていても聞いていても気持ちよくなるくらいまっすぐな女の子。原作を読んだときに私がイメージしていたひなたの声よりもずっとひなたらしくて、これは長江里加さんにしかできない演技だなと感じました。「こんなに無邪気な感じを出せる声優さんがいるんだ、すごい！」と感動しました。アニメを通してよりいっそうひなたが好きになりましたね。

**――ひなたの前とそうでないときで演じ方に違いはありましたか？**

上田：みやこはコミュニケーションこそ苦手かもしれないですけど、誰かを思う気持ちはとても強いので、家族に対しても愛情が深いと感じました。ひなたと掛け合いをするときはその家族思いなところが出るように演じましたね。みやこはひなたが生まれてからずっと姉として接してきているので、そんなみやこをイメージしたら自然とお姉ちゃんらしい演技になった、という表現が近いかもしれません。

**――外出時と家にいるときの演じ方の違いも印象的でした。**

上田：みやこは自分に自信がないので、外だとしゃべることができなくなるんですけど、家のなかは彼女にとって安心できる場所。だから家の外と内ではしっかり演じ分けていました。みやこを愛してくれるひなたやお母さんがいるから、家にいるみやこはつねに気負わず自然体でいられるんですね。

**――自分とみやこで似ていると感じる点は？**

上田：自己肯定感が低めなところは似ている気がします。感情が急に上がって急に下がるところも似ているかもしれません。共通点はそのくらいですね。私はお裁縫もお料理も苦手で、みやこよりも女子力がありませんので（笑）。それと、私の場合は家にいるとあれこれ考え事をしてしまうので、そんなときは気分を落ち着けるために外出することも多いです。家にいると落ち着くみやことは正反対ですね。

**――松本の印象も聞かせてください。**

上田：松本の言動を聞いていると、みやこに迫られた花もこんな気持ちだったのか、と感じて花に申し訳なくなりました（笑）。松本はみやこのことをずっと見てきて影響を受けているので、話し方がみやこに似ているんですけど、そんな松本の演技をLynnさんが見事に演じられていたのが印象に残っています。私の演じ方を上手くご自分の演技に取り入れて、「みやこっぽい松本の言動」を上手く表現されていてすごかったです。

**――ほかに印象に残っているキャラクターは？**

上田：小依の裏表のなさがひなたとは違う形で魅力的で、印象に残っていますね。自分からグイグイ行くタイプなのに嫌味なところがまったくなくて、こんなに天使なキャラクターが生まれるんだなと感動しました。夏音との関係性もいいですね。見た目の印象は小依のほうがしっかりしているように見えて、じつは夏音がしっかり者で小依をサポートするするっていうの

INTERVIEW

# 暴走しがちだけど優しいみゃこの愛情深いところが伝わるよう意識しました

もステキです。小依役の大和田仁美さんと夏音役の大空直美さんはオーディションではなく指名で選ばれたそうですけど、キャラクターと演者のパーソナリティが絶妙にマッチしていて、天才的なキャスティングだと思いました。

## 感動と癒やしがつまった作品の魅力をさらなる人々に

**──TVアニメ全12話のなかで、上田さんの印象に残っている話数は？**

上田：第10話でみやこがプロポーズにも似た言葉を口にするシーンがありますけど、あのセリフはオーディションでも演じさせていただいたものなんです。アニメでも同じシーンがあることは覚悟していましたが、実際に第10話の収録でセリフを演じたときは胸が熱くなりましたね。本当にプロポーズとして言っているわけではないんですけど、特別な言葉であることは変わらないので、完成した映像を観たときもなんだか感動してしまいました。動画工房さんの演出が神がかっていますよね。

**──ほかに印象に残っている話数は？**

上田：第12話のミュージカルも大好きです。みんなで準備をするシーンを見ていたので、「あの花たちがこんなにがんばっている……！」と、授業参観のときのお母さんのような気持ちになりました。みやこと一緒に作った衣装を着ているのもそうですし、セリフの練習もみんな大変だっただろうな、って考えると感動で涙が出てきます。みんなが一生懸命がんばって作り上げたものを見ることができる最高のシーンでしたね。ミュージカルパートが終わったあとに思わず拍手してしまいました。

**──衣装などの劇中に登場したアイテムで印象に残ったものは？**

上田：花はデザインを見たときから猫っぽさがあると思っていたので、第1話の猫耳フードを着た姿に衝撃を受けました。ものすごく似合っていてかわいいですよね。同じく第1話で登場したフレンチトーストも印象に残っています。とても丁寧に描いてくださっているのですごく美味しそうですし、みやこのフレンチトーストの歌と相まってとても印象に残っています。ほかのお菓子もどれも魅力的ですよね。収録の打ち上げで原作を再現したお菓子が出たこともあって、お菓子は思い出深いです。劇中のお菓子のイラストだけを集めた画集が出ませんかね？（笑）。

**──楽曲で印象に残っているものは？**

上田：どの楽曲もキャラクターの個性とかわいらしさが出ていますし、すべていい曲なんですけど、一番印象的なのはやはりOP曲の「気ままな天使たち」たちとED曲の「ハッピー・ハッピー・フレンズ」ですね。毎週流れる曲というのもありますが、映像もかわいいですし、OPとEDは一週間に一度の癒やしの時間になっていました。あのOP曲で始まってあのED曲で終わることで、作品の魅力がより引き立っていた気がします。

**──キャラクターソングからお気に入りを選ぶなら？**

上田：いちばん聴き込んだのはひなたの「みゃー姉!!」です。ずっとみやこについて語っている曲。長江里加さんの演じるひなたがまっすぐ「大好き！愛してる！」と言ってくれる歌なので、自己肯定感がものすごく上がるんですよ。出勤前に聞くと、今日も1日がんばろうって思えるんです。2021年2月の1stライブのときも、長江さんが最後に息が続くかぎり叫ぶという演出を入れてくれて泣いちゃいました。

**──最後にファンの皆さんにメッセージを！**

上田：この作品が永遠に続いてほしいと思いながら収録していたので、新作アニメが作られるというのはものすごくうれしいことでした。花たち5人を大きなスクリーンで観られるというのがまずありがたいですよね。画面から溢れるかわいさを全身に浴びたいです。「わたてん☆5」のライブも新たに開催されるということで、作品の魅力が広がっていくのが楽しみでなりません。マンガ・アニメだけでなく、リアルイベントという側面からも『わたてん』を楽しんでいただきたいです。

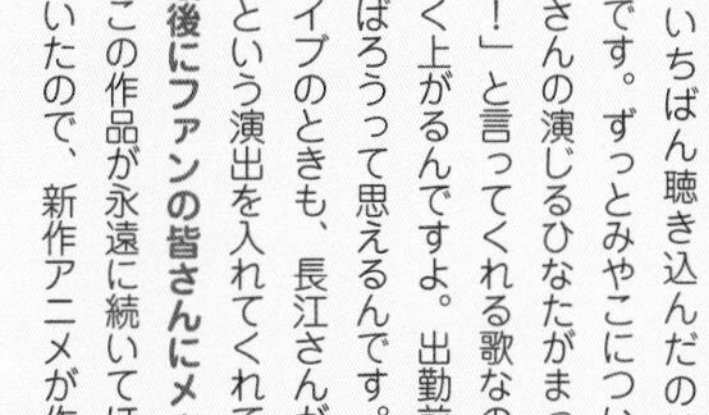

### Q&A

**Q『わたてん』キャラクターのなかで、妹にしたいのは誰？**

A ひなた一択です。ひなたに好かれるお姉ちゃんになりたいですね。小依もずっと見ていたくなるタイプですけど、ひなたが妹だと「恥ずかしくない姉にならなければ」という気持ちになって、普段よりがんばることができる気がします。

**Q あなたにとって「天使」とは？**

A 飼っている猫ちゃんたちです。ずっとかわいくて、無条件に愛してしまう存在。猫ちゃんたちを前にするとネガティブな感情も吹き飛んで、「この子を絶対に守るぞ」みたいな気持ちになるので、そういう気持ちを持つ相手が天使なんでしょうね。

# CASTINTERVIEW 2

## 白咲花役

# 指出毬亜

profile

指出毬亜（さしで・まりあ） 9月20日生まれ。埼玉県出身。WITH LINE所属。代表作は『ラブライブ！虹ヶ咲学園スクールアイドル同好会』のエマ・ヴェルデ役、『恋する小惑星』の猪瀬舞役など。

## シンパシーを感じながら丁寧に演じた気持ちの変化

**――まずは原作を読んだときの印象について教えてください。**

指出：白線や影の上を歩くといった小学生らしさが満載なので、自分の小学生時代を思い出してちょっぴり懐かしさを感じましたし、ほっこりしました。小学生という愛らしい存在が日常を過ごしている姿にとても癒やされましたね。みやこが小学生を見て「天使！」と思う気持ちに共感したり、花ちゃんのすぐ食べ物に釣られちゃう姿を見て将来を心配したりもしました。

**――実際にオーディションを受けてみていかがでしたか？**

指出：花にすごくシンパシーを感じていたので、ご縁を願いながらオーディションを受けさせていただきました。受かったときはものすごくうれしかったのですが、当時は小学生のかわいらしさをどこまで演じきれるだろうかという不安も少しだけありましたね。ただそれ以上に楽しみでしたし、いろいろな歌を歌わせていただけることへの驚きと喜びも大きかったです。

**――どういったところにシンパシーを感じたのでしょうか？**

指出：お菓子が好きなところは大きな共通点ですね。実際、私はアフレコ現場でほかの方が見ていないときに、差し入れていただいたお菓子をよく食べることを繰り返していたので、はたから見ると花ちゃんそっくりだったと思います。それと、じつは私も昔からセンスがおかしいって言われ続けてきたんです（笑）。お腹の部分にクマがドーンと描いてあるTシャツなどが子どものころから大好きだったので、そういったファッション部分でも似ているかもしれません。ひげろーの独特のデザインも大好きですし、以前スタッフの方からいただいたひげろーのTシャツは今でも着ています。ただ、私は妹として甘やかされて育ってきたので、甘えがちなところがあるんですけど、花ちゃんはひとりっ子だからか、しっかりしているじゃないですか。そこは正反対だと感じます。

**――実際に演じるなかで感じた印象や、花の魅力についても教えてください。**

指出：元気いっぱいな周りの子たちに流されないマイペースさと、お菓子に対する年相応の喜びを見せる姿、どちらもとてもステキですよね。普段は落ち着いていてツッコミもこなすけど、お菓子を前にすると豹変して目を輝かせる。そのギャップのかわいさを意識しながら演じていました。思ったことをストレートに口に出す素直さがあるので、ともすれば冷たく見えそうなものですが、花ちゃんは存在自体がかわいらしいのでクールだけど冷たさは感じないという点も魅力です。

**――最初はみやこへの当たりが強いですが、だんだんと態度が変化していくのも花の魅力的なところですよね。**

指出：たぶん、花にとって初対面のみやこは身の危険を感じるほどの不審者だったと思います。おびえていた節もあるので、第1話では「本当にヤバい人と対面している」という気持ちで演じていました。お菓子をもらい続けることで態度を軟化させていきますが、変化が緩やかになるように意識していましたね。少しずつ警戒心を解いていって、気づかれない程度にちょっとずつ柔らかさを持たせていきました。みやこって、コミュニケーションが苦手だけど花に対しては行動や思いをストレートに向けるじゃないですか。花からすると思わず引いてしまうことも多いですが、自分に愛情を持って接してくれること自体はうれしく感じていたと思います。お菓子の力だけでなく、みやこからの裏表のない感情表現があったからこそ花も心を開いたし、ふたりの距離が縮まったんでしょうね。

**――みやことの掛け合い以外で印象に残っている組み合わせはありますか？**

指出：第8話に、みやこに会えなかった花が乃愛と一緒にお買い物に行くエピソードがありますよね。花と乃愛がふたりだけでいる印象がなかったので意外な組み合わせでしたし、どういう会話をするのかずっと気になっていました。実際に掛け合いをしてみると、どちらもしっかり者ですが花は抜けている部分もあるので、乃愛のほうがお姉さん的な感じ。それまでの話数であまり見られなかったやりとりが新鮮でした。そんな乃愛もひなたの前では自信なさそうな表情を見せることがあって、組み合わせによってキャラクターの印象が変わるのも『わたてん』の魅力的なところだと思います。ひなたと花の掛け合いもステキでしたね。ひなたのほうからぐいぐい来て、花がその勢いに引っ張られる。元気な友達に連れられてあちこちに行くというのは私もよく経験していることなので、自分の経験を思い出して自然に演じることができました。

**――作中の印象的なシーンについても教えてください。**

指出：第10話で、みやこが「私が一生花ちゃんのためにお菓子を作ってあげるから」と、プロポーズにも似たセリフを言うシーン。そのときに花が「はい、よろしくお願いします」と返すんですけど、台本のト書きに「ここのセリフは大事な部分です」と書かれていたこともあって、ものすごく気合を入れました。お菓子をずっと食べられる、という喜びだけでなく、みやこと一緒にいられてうれしいという気持ちも込めました。花がそう思えるようになったのは心が成長したからなんでしょうね。実際、第10話の花はお菓子のためにお姉さんに会う、というよりも、お姉さんと会えるしお菓子も食べられる、という気持ちだったと思います。まだお菓子を好きな気持ちのほうが強いと思いますけど（笑）。それと、第12話のミュージカルも花ちゃんではなくアネモネというキャラクターを新たに思い描きながら演じていたので、印象的でした。もともとミュージカルが好きなので、自分がそれをできることがうれしくて、第12話もとても思い出深いです。

## 最年少ゆえの不安を乗り越えて歌い上げる

**――ミュージカルの劇中歌も含めてさまざまな楽曲がありますが、お気に入りの曲はどれですか？**

指出：全部好きですが、一番は「無限大ハピネス」ですね。ライブの振りつけでくるくる回るんですけど、そのときにみんなの顔を見られるのが楽しいんです。「これからも一緒だよ」みたいな歌詞を、顔を見合わせながら言えるところがすごく好きです。ほかには第1話冒頭でみやこが歌っていた「フレンチトーストの歌」も好きです。当時は上田さんが奏でる独特のメロディが頭のなかで残り続けていました（笑）。

**クールだけど冷たさを感じないところが**
**花の魅力のひとつだと思います**

**――「わたてん☆5」としての活動やライブに関しての思い出も詳しく聞かせてください。**

指出：初めてのレギュラーということで知らないことがたくさんありましたし、人見知りだったので、最初は仲良くなれるか不安でした。でも私以外の4人がみんなお姉さんで優しくしていただけたので、すぐ現場に溶け込むことができました。初めてのことばかりだったぶん、1stワンマンライブの「デリシャス・スマイル！」は準備期間から本番までずっと大変でした。いろんな方から立ち位置や移動のタイミングを教えてもらったり、練習中に声をかけてもらったりして、なんとか無事に終えることができたので、みんなで協力して作り上げることのありがたみを感じましたね。

**――キャラクターの声で歌うのも難しいイメージがあります。**

指出：花の声は、私の出せる最低音を出しても「もっと低くしてください」というディレクションをいただくほど低いので、たしかに難しかったです。とくに朝が早いとなおさら声を出すのが辛くなるので、かなり苦労しました。でも、大変だったからこそ新作アニメという形で新しい映像をお届けできるほど人気のある作品になったことがうれしいです。2ndライブの開催というサプライズまでいただけて、ファンの皆さんに支えられているな、と実感しています。

**――新作アニメの話を聞いたときの率直な思いを教えてください。**

指出：『わたてん』はスタッフさんたちの作品愛が強くて、キャスト陣も作品が大好きだから、とにかくアフレコ現場の熱量がすごいんです。そんなみんなでまたアフレコができるということが、なによりもうれしかったですね。花たちが旅行に行くということで、どんな景色が広がるのかな、どんな日常が見られるのかな、と楽しみな気持ちばかりが募っていきました。内容に関しては、ぜひ劇場で確認していただければと思います。

**――最後にファンの皆さんにメッセージを！**

指出：キャストのみんなで集まって作品について語り合うことや、『わたてん』という作品を作ることが楽しかったので、まだまだ作品が続いてくれたらうれしいです。これからもみんなで一緒にいろんなイベントをやりたいです。「わたてん☆5」としての活動などリアルでのイベントも含めて、これからもファンの皆さんに楽しんでいただけるようがんばりますので、引き続き応援のほどよろしくお願いします。

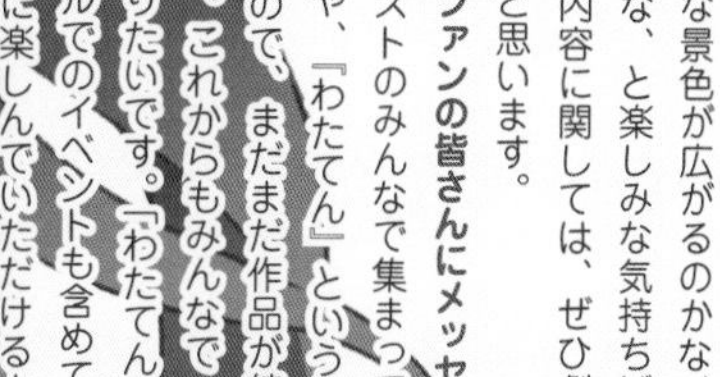

**Q&A**

Q『わたてん』キャラクターのなかで、妹にしたいのは誰?
A みんなかわいいので選べないです（笑）。ただ、どうしてもひとりを選ばなければいけないのであれば小依ですね。「私がいなきゃダメなんだから」、「サポートしてあげなきゃ」と感じて、助けたくなる。そういうところが妹っぽいなって感じます。ただ、小依ちゃんも小依ちゃんで「私が助けるんだから!」という気持ちを持っているので、そこは尊重してあげたいですね。基本的には私が助けつつ、ときどき小依ちゃんにも助けてもらうような関係が築けたらいいなって思います。

Q あなたにとって「天使」とは?
A 猫ちゃんみたいな存在です。ただそこにいるだけで癒やし。存在自体が愛しい。見ているだけで心が癒されるかわいい存在が天使だと思っています。

# CASTINTERVIEW 3

## 星野ひなた役
# 長江里加

profile

長江里加（ながえ・りか） 9月28日生まれ。埼玉県出身。青二プロダクション所属。代表作は『マジカパーティ』カンナ役、『あそびあそばせ』オリヴィア役など。

## ひなたを深く理解して ひなたらしい演技を追求する

**――まずは原作を初めて読んだときの印象を教えてください。**

長江：オーディションに向けて原作を読んだのですが、ひなたにすごく共感しました。ソウルメイトと言いたくなるほどひなたの気持ちがわかったので、真っ先にひなたを演じたいと思いましたね。オーディションもひなた役を希望して受けさせていただきました。

**――オーディションを受けたときの印象は？**

長江：自分ならひなたらしいひなたを演じることができるかもしれない、という思いがありました。私の演技を見たマネージャーさんからもハマリ役だねと言っていただけたので、手応えはありました。実際にひなた役に決まったときは飛び上がるくらいうれしかったです。

**――演じられたひなたの魅力とは？**

長江：忖度せずに思ったことをストレートに言うところですね。物事をハッキリ言えるのが羨ましいですし、私もそういうマインドで生きてみたいと思えます。みやこへの大好きの気持ちや寂しい気持ちをストレートに伝えられるところ、良くも悪くも裏がないところがかわいくて魅力を感じます。

**――ひなたを演じる際に意識していることは？**

長江：屈託ない笑顔でしゃべることが多いので、ポジティブな思考を維持して、カラッとした元気が出るように心がけていました。それと、これは演じていると自然にそうなるところでもあるのですが、相手が初対面でも心理的な距離感がゼロになるよう演じています。誰が相手であっても物怖じしない、というのはひなたを演じるうで必須だと思っています。

**――みやこに接するときは普段よりも甘えている印象があります。**

長江：お姉ちゃんといるときはもっとデレてください、というディレクションをいただいたので、みやこに話しかけるときは意識して甘えた声を出していました。その甘えた声はみやこの前以外では出していないと思います。演じ分けたのはそこだけですね。

**――みやこにはどんな印象を？**

長江：ひなたからすると、なんでもできるスペシャリストのお姉さん。困ったことがあればみやこがなんでも解決してくれる、という感じで、いい関係性ですよね。私にとってもみやこは頼れる優しいお姉さんですし、みやこのような姉がいたらずっと腕を組んで、くっついて甘えちゃうと思います。

**――ひなたには将来どんな大人になってもらいたいですか？**

長江：大きくなっても、友達や気を許せる仲間の前ではずっと今のままのひなたでいてほしいですね。社会に出たら子ども時代と同じようにはいかないことを学ぶと思うので、公私を分けて、大人のふるまいもできるレディになってもらいたいです。

**――ひなたに思いを寄せる乃愛についての印象は？**

長江：いつも一生懸命だからこそ、ちょっとイジワルをしてみたくなるかわいらしさがあると思います。劇中でも自分ではなく花にばかり注目するみやこに衝撃を受けていましたが、そんな姿もかわいい。放置されているときにひとりでぐるぐる悩んでいるところと、そこから声をかけられてぱあっと顔を明るくするところがいいですよね。ひなたのイケメンな振るまいに翻弄されているときは、普段は見せないような動揺の仕方をしていつもと違う面を見せてくれるので、そういうところも好きです。

**――花に対する印象は？**

長江：ひなたと比べると、同い年だけど少しお姉さん。敬語を使っているから余計にそう感じるのかもしれないですけど、雰囲気も落ち着いていて、表情も憂いを帯びていて、ちょっとセクシーな小学生だと感じます。お菓子を食べるときだけは年相応な反応を見せるので、そのギャップが魅力的ですね。花役の指出毬亜さんがお菓子好きなのもあって、花とお菓子はセットなイメージがあります。

## 最高の演技とライブが できたのはみんなのおかげ

**――TVアニメ全12話のなかで、長江さんの印象に残っている話数は？**

長江：第3話でひなたとみやこがお風呂でやり取りをしたシーンも印象的ですが、いちばん印象に残っているのは第7話です。みやこに対して言った「好きだからずっと一緒にいたいんでしょ！」ってセリフが胸にきます。ストレートな愛ですよね。鬼頭さんに「よかった‼」と褒められたのをよく覚えています。第7話のみやことの言葉のぶつけ合いは、ひなたのセリフのひとつひとつから「お姉ちゃんと離れたくない！」という気持ちが伝わってきて、私もみやこに突き放されたことが寂しく感じました。

**――第7話の教室で魂が抜けていたときのセリフにはどんな意味が？**

長江：アフレコのときに鬼頭さんと指出さんにも聞かれたんですけど、とくに何か意味を込めたわけではないんです。言葉にならない言葉と言いますか、頭のなかを空っぽにしたら自然と出てきたセリフでした。寂しいという気持ちが口からこぼれたらあのセリフになった、という感じですね。

**――みやこの変装をした乃愛に甘えるひなたも印象的でした。**

長江：のちのセリフにもあるように、ひなたは乃愛の変装であることを理解していたんですよね。でも今はみやこに変装した乃愛しか自分を相手にしてくれないから、あえて乃愛の演技に乗っかったというか、乃愛には申し訳ないけどみやこの代わりとして甘えさせてもらおう、という気持ちがあったように感じます。結果的に以前よりもさらにみやこに甘えるようになりましたが、それだけみやこと触れ合えない間、気持ちを我慢し続けていたんでしょうね。

**――第12話のミュージカルでのひなたの印象は？**

長江：演じ方で変える必要があるところは少なかったので、いつものひなたの元気さが出ていると思います。演じながら、歌もお芝居もなんでもできる子だったんだ、と感動しましたね。歌やセリフを覚えて、ミュージカルを成功させるためにマジメに練習してきた姿を想像すると「偉いね、がんばったね」と言いたくなります。

**――ひなた関連以外のエピソードで印象に残っているのは？**

長江：第5話で描かれた、夏音と小依の幼いころの回想シーンですね。ふたりの関係性がよくわかるエピソードで心が暖かくなりました。それと、自分と同じ事務所に所属されている先輩おふたりが演じている、というのも個人的にはいいなぁと思うポイントですね。おふたりがプライベートでも仲がいいことは存じ上げているので、もしかしたらおふたり自身のお互いへの気持ちがこめられているのかな、と

# 誰が相手でも物怖じせず ストレートに感情を伝えるような 演技を意識しました

勝手に感じていました。

**——アフレコ現場で印象に残っている出来事は？**

**長江**：『わたてん』の現場はキャストの皆さんもスタッフの皆さんもすごく暖かくて、優しくて、とてもやりやすかったです。私はアフレコ中に不安なことがあるとすぐにマネージャーさんに相談するタイプなんですけど、それが一切なかったです。みんなで支え合っていいものを作っていこうという空気感があったので、私もいいものを作りたいと思えましたし、努力家のみんなに引っ張られながら私も収録をがんばりました。

**——本作では収録以外に、「わたてん☆5」としての活動もありました。「わたてん☆5」関連で印象に残っていることは？**

**長江**：1stワンマンライブ「デリシャス・スマイル！」の練習です。配信限定だったのでカメラワークを重点的に考えたフォーメーションをする必要があり、たくさん練習しました。辛いことも多かったですが、周りにいる「わたてん☆5」のメンバーがフォローしてくださったおかげで楽しく練習することができたんです。それはきっと今まで積み上げてきた関係性があるからできたことだと思うので、いいメンバーだなって思います。

**——練習でとくに大変だったのは？**

**長江**：踊りとフォーメーションの動きが激しかったことに加えて、物事の同時進行が苦手なので、踊りながら歌詞を覚えてカメラも気にしながら表情を作る、というのがすごく大変でした。『わたてん』の曲って歌詞にキラキラやワクワクといった擬音が多く入っているんですけど、それが1コーラス目に入れるのか2コーラス目に入れるのかごっちゃになることも多かったです。

**——『わたてん』の楽曲のなかで、とくに好きなものは？**

**長江**：一番好きなのは「デリシャス・スマイル！」です。勢いがあって、突き進むぞっていう感じで、元気さが200％出ている曲ですよね。歌っていても踊っていてもとにかく楽しかった思い出があります。もちろんソロ曲の「やっぱりみゃー姉なんばーわん」と「みゃー姉!!」も大好きです。ワンマンライブでも歌いましたが、ライブでは練習も含めて過去一番いいパフォーマンスができたと思います。『わたてん』の曲はただ楽しいだけでなく、感動も押し寄せてくるすごくいい曲ばかりなので、まだ聴いたことがない曲がある方にはぜひすべて聴いていただきたいですね。

**——最後にファンの皆さんにメッセージを！**

**長江**：『プレシャス・フレンズ』の制作に加えてライブまでやらせていただけるというのは、皆さまの応援あってこそだと思います。また再び『わたてん』で星野ひなたを演じられるという幸せを噛み締めながら、気合を入れて、魂を込めてこの作品に関わっていけたらと思います。これからも『わたてん』を見守っていただけたら励みになりますし、もっといい『わたてん』をお届けしますので、これからもよろしくお願いします。

## Q&A

**Q**『わたてん』キャラクターのなかで、妹にしたいのは誰？

**A** 私がつねに元気なタイプなので、元気なタイプの子と一緒にいると限界を超えてはしゃいでしまいそうなんですよね。妹には癒やしてほしいと思うので、花でしょうか。ただ私はその日の気分で好きなキャラクターが変わるので、別の機会に同じ質問をされたらほかの子を妹にしたいと思っているかもしれません。

**Q** あなたにとって「天使」とは？

**A** 思わず顔が緩んでしまうと言いますか、気がつけば口元がほころぶ存在。具体的な人や物というよりは、自分を癒やしてくれる存在すべてが天使だと思っています。

# CASTINTERVIEW 4

## 姫坂乃愛役
# 鬼頭明里

profile

鬼頭明里（きとう・あかり） 10月16日生まれ。愛知県出身。ラクーンドッグ所属。代表作は『鬼滅の刃』竈門禰豆子役、『ラブライブ!虹ヶ咲学園スクールアイドル同好会』近江彼方役など。

## かわいさを追求する乃愛のいちばんかわいい部分とは？

**――まずは原作を初めて読んだときの印象を教えてください。**

鬼頭：かわいい女の子たちがわいわい日常を送っている作品は、個人的に好きなんです。『わたてん』はオーディションの話が来てから原作を読んだんですけど、まさに私好みの作品だったので、「ぜひ出演したい！」と思いながらオーディションに臨みました。

**――オーディションで印象に残っていることは？**

鬼頭：せっかくだから楽しそうな役をやりたいと思い、乃愛とひなたを受けて、乃愛役に選んでいただけました。乃愛って最初に見たときは大人びているから落ち着いた女の子なのかなと思っていたんですけど、台本を読んでみたら子供っぽい部分やちょっと抜けたところとかもあって、本当にいろいろな顔を見せてくれるんですよね。オーディションでは「おもしろい子だな」と思いながら演じていたのを覚えています。

**――乃愛を演じる際に意識していることは？**

鬼頭：基本的には大人びたイメージの子なので、ひなたたちよりもやや上の年齢感というか、自分をお姉さんに見せようと一生懸命背伸びをしているようなイメージして演じていました。子どもっぽいところやぶりっ子な面を見せるときは、全力でその子どもらしさを表現するようにしています。

**――鬼頭さんが思う乃愛の魅力とは？**

鬼頭：自分がかわいいことをわかっているうえで、さらにかわいくなるための努力をおこたらないところです。衣装をチェンジしたときにかわいいポーズを追求していたと思いますけど、ほかにも第2話のかくれんぼで数を数える代わりに歌を歌ってみたり、第11話のお化け屋敷でお母さんに「さっきの怖がり方どうだった？かわいかった？」と聞いたりしていましたよね。自己プロデュースに余念がないところもいいなって思います。

**――とくに乃愛の魅力を感じたエピソードは？**

鬼頭：第4話のお祭りのシーンは個人的にとてもかわいかったと思います。浴衣を見せながらぴょんぴょん跳ねるような動きをしていましたけど、お祭りではとくに乃愛がよく動いていたイメージがあります。それと第3話の花、ひなたと一緒に帰るところもかなり好きです。影踏み遊びで影を作ってもらうために、道を通りすがったお姉さんに「私の影になってくれませんか」って言っているところ、かわいかったですよね。見ず知らずの大人に対して平気でそういうことが言える度胸も、乃愛の魅力だなって思います。

**――では、乃愛が「かわいい」と思ったエピソードは？**

鬼頭：第9話でひなたと一緒に映画を観に行くときに、デートだと思って気合いを入れている乃愛が最高でした。朝早くに起きて一生懸命サンドイッチを作るっていう健気さがかわいかったですよね。それに、ひなたはそこまで服にこだわっていなかったですが、乃愛はすごくオシャレな服を着ていたじゃないですか。あの服を選ぶのにもたくさん時間をかけたと思いますし、そういった描かれていないところまで想像すると、乃愛が尊くなってきました。帰る前にひなたからカチューシャをプレゼントしてもらえたシーンは、普段から乃愛がひなたに向けている思いがようやく報われた気がしてうれしかったです。

**――そんな乃愛が好意を寄せているひなたについて、鬼頭さんはどんな印象ですか？**

鬼頭：ひなたは天真爛漫で裏表がなくてかわいいですよね。でもかわいいだけじゃなくて、乃愛が「私はかわいくないの!?」って落ち込んでいるときに「乃愛はかわいいと思うぞ」とか、サラッとイケメンな発言をするじゃないですか。9話のデートでも終始イケメンな言動をしていましたし、そういうところがズルいですよね(笑)。ひなたはみやこのことが大好きすぎて、つねに感情の矢印をみやこに向けていますが、たまに乃愛に感情を向けるときがありますよね。そういうときに乃愛はときめいちゃうので、演じている身からするとちょっともてあそばれている感じがして、もっとこっちに振り向いてほしいなって思っちゃいます。

**――今後乃愛が大きくなったら、ひなたとの関係はどうなっていくと思いますか？**

鬼頭：成長してもふたりの関係性は、今とあまり変わらない気がします。ひなたのイケメンな振るまいは子どもゆえの天然さという感じでもないですし、乃愛のかわいさを追求する大人びたところも変わらないと思います。成長しても同じような距離感で掛けあいをしている気がしますね。

**――乃愛はみやことの絡みも多かったですが、みやこへの印象は？**

鬼頭：乃愛とみやこがやりとりをすると、基本的にみやこが言い負けることが多いじゃないですか。でも乃愛は乃愛で、みやこが「乃愛がいちばんかわいいよ」と言ってくれないことにムキーッてなるので、お互いに勝ったり負けたりしている印象があります。力関係がはっきりしているわけではない関係性がいいですよね。イジり甲斐のある人なので、掛け合いをしていてもおもしろいです。ただみやこはもちろん乃愛のこともかわいいと思っているんでしょうけど、あまりにも花ちゃんが好きすぎて、乃愛への「かわいい」の気持ちがあまり伝わっていない気がしています。花ちゃんがかわいいのはわかるんですけど……個人的にはいちばんかわいいのは乃愛だと思うんですよ！

**――花への対抗意識があるのですね。**

鬼頭：もちろん花ちゃんはかわいいです！　でも、みやこにはもう少し乃愛を褒めてあげてほしいと思っています！

## 乃愛への愛情を抱きながら作品の未来に思いをはせる

**――TVアニメ全12話のなかで、鬼頭さんの印象に残っている話数は？**

鬼頭：第12話でミュージカルをしたことですね。まさかアニメであそこまで本格的なミュージカルをやるとは思っていなかったので、台本をもらったときは驚きました。原作を読んだときからぜひ演じてみたいとおもっていた部分でしたし、兼役をたくさん担当したので、とても楽しくやらせていただきました。あとこの作品って全体的に、衣装やスイーツの作画もめちゃくちゃ気合いが入っていた印象があります。ナース服はかわいかったですし、コスプレ衣装はおもしろかったですし、第9話のサンドイッチを作るところもパンのふわふわ感が伝わってきてすごく美味しそうでした。

**――鬼頭さんが乃愛以外で、シンパシーを感じるキャラクターは？**

鬼頭：小依ですね。乃愛と似ている部分があるというか、自信満々だけどちょっと残念なところがあって、そこがかわいい。ぜんぜん違うタイプの女の子だけど似ているところがある、というのがおもしろいなと思いました。ほかにも小依は夏音と相思相愛

# 背伸びをしているけどまだ子どもなので それが伝わるように演じ分けていました

で、ふたりでひとつみたいなところがあるんですけど、お互いを補い合っている関係がすごくよかったです。小依が失敗することを恐れずにいろんなことにチャレンジできるのって、きっと夏音が支えてくれるからなんですよね。そういうところも乃愛にはない部分で、似ているけど違うという点で強く印象に残っています。

**――本作では収録以外に、「わたてん☆5」としての活動もありました。「わたてん☆5」関連で印象に残っていることは？**

鬼頭：2021年2月の1stライブが、とくに印象に残っています。振りつけがけっこう難しくて、フォーメーションもいろいろなパターンがあったので、覚えるのが大変だったんですよ。とくにオープニング曲「気ままな天使たち」の振りつけとフォーメーションは覚えることが多くて難しかったです。エンディング曲の「ハッピー・ハッピー・フレンズ」は振りつけもフォーメーションも簡単だったんですけど、動きのなかで体力の消耗が激しい部分があって、それぞれ違う大変さがありました。でも大変なぶんやり終えたときの達成感がありますし、一緒にがんばることでみんなとの絆も深まったと思います。それに、アフレコのときもそうでしたが、がんばったあとに食べるお菓子がすごく美味しくて。差し入れのお菓子をみんなと一緒に食べていると、まるで作品のなかに入ったような楽しさがあって、癒やされました。

**――『わたてん』の楽曲のなかで、とくに好きなものは？**

鬼頭：ミュージカルの曲のなかに「恋するお菓子屋さん」があるじゃないですか。ひなたと一緒に歌っているあの曲、ハモリが楽しくて大好きでしたね。じつは今でも家でよく歌っているんですよ。ノアは下ハモなどのハモリをするパートが多かったので難しいパートではあったんですけど、歌えるとものすごく気持ちいいので楽しかったですね。それと「無限大ハピネス」の「また明日もね！」ってみんなで目を合わせるところが、歌詞も相まってすごく泣けました。

**――最後にファンの皆さんにメッセージを！**

鬼頭：TVアニメから3年以上経っていますが、新作アニメが作られたり「わたてん☆5」のライブが開催されたりして、長く盛り上がることができているのは本当にうれしいことです。ひとえに支えてくださっているファンのみなさんのおかげだと思っています。これからもみなさんと一緒に『わたてん』を盛り上げていきたいと思っていますので、今後ともよろしくお願いします。

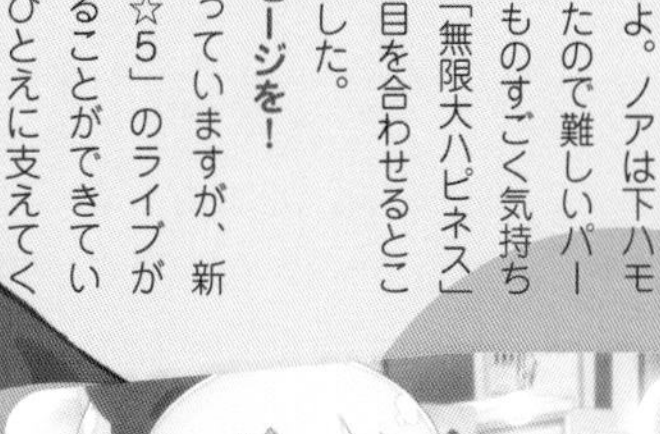

## Q&A

**Q**『わたてん』キャラクターのなかで、妹にしたいのは誰？

**A** 乃愛です！　私はリアルに妹がいるんですけど、まったくオシャレに興味がなくて服の貸し借りができなかったんですよ。私が「これとかどう？」って言っても見た目より機能性重視で、なかなか選び甲斐がなくて。一緒に買物に行く機会もなかったんです。オシャレ好きな乃愛とならそういったこともたくさん楽しめると思うんですよ。「これ着なよ」って言って服を貸すのも、お店で選んであげるのも好きなので、一緒にショッピングがしたいですね。

**Q** あなたにとって「天使」とは？

**A**「子ども」です。友達や親戚の子どもとよく遊んでいるんですけど、子どもって見ていると本当にかわいくて、天使みたいだなって思えるんですよね。仕事で忙しくて会えない日が続くようなときは、友達に子どもの写真を送ってもらっています。

CASTINTERVIEW 5

種村小依役

# 大和田仁美

profile

大和田仁美（おおわだ・ひとみ）3月23日生まれ。神奈川県出身。青二プロダクション所属。代表作は『勇者、辞めます』リリ役、『BLUE REFLECTION RAY/澪』白樺都役など。

## 互いを信じる気持ちを声に乗せて演じる

**――まずは原作を初めて読んだときの印象を教えてください。**

大和田：かわいらしさのなかにパンチの強さを感じましたね。お菓子と引き換えに小学生の花を撮影するみやこの姿が衝撃でした（笑）。みやこの行動にはビックリしましたが、全体的に優しい雰囲気で、見ていて心が暖かくなる作品だと感じました。

**――小依の第一印象は？**

大和田：「私を頼ってほしい」と堂々と言えるところに素直さを感じました。元気で子どもらしい子どもという印象です。一見すると我が強そうに見えるんですけど、そこには一生懸命さや誰かの役に立ちたいという気持ち、大人への憧れなどがあるので、嫌らしさがない。まっすぐでかわいいですし、何か失敗をしても許せちゃう魅力がありますよね。

**――ご自身と小依で似ている点はありますか？**

大和田：部活動の部長や学年の代表などリーダーのポジションを担当することが多かったので、そういう意味では似ているかもしれません。ただ私の場合は自分から周囲を引っぱるタイプではなかったので、みんなが円滑に進められるように細かな業務をしたり先生との連絡係になったり、裏方仕事がメインだったのでそこが違う点ですね。ドジをやらかしてしまうときがあるので、そこも共通点かもしれません。自分ではそこまで似ているとは思わないんですけど、アフレコ現場で「小依みたいだね」と言われることはありました。

**――逆にここは自分にはない魅力だと思うのは？**

大和田：自分を信じて突き進むところですね。自信があればチャレンジする意欲も湧いてくるし、積極的な行動を取ることができる。大人になって、守りに入ってしまうときってあると思うのですが、小依は自信を持ってチャレンジすることの大切さを思い出させてくれますね。

**――演じるうえで大切にした点は？**

大和田：一生懸命さと素直さです。上手くいかないことが多くて落ち込むけど、すぐに立ち直る感情の起伏を大切にしました。変に失敗を引きずることがない前向きな気持ちが声に乗るように、というのは意識していたと思います。

**――小依と夏音の関係性に対する印象は？**

大和田：最初は、仲良しだけど主導権は夏音にあってひたすら夏音が小依を立てている、というイメージがあったんです。でも演じるなかで夏音が心の底から小依を頼っていて信じているということがわかって、尊さを感じました。一見すると夏音が小依を引っ張っているように見えるけど、本人たちにとってはそうではない。ふたりにしか理解できない世界観みたいなものがあって、互いに心地いい時間を過ごせしている関係だと思います。

**――掛け合いをする際に意識したことは？**

大和田：直美さん（大空直美さん）が小依を信じている夏音の気持ちをしっかり演じてくださったので、私も夏音を信じる小依の気持ちをしっかり返せる演技を意識しました。直美さんにはいつもたくさんのエネルギーをもらっていますし、引っ張ってもらっていたり、支えてもらっていたりするので、掛け合いはとてもやりやすかったですね。プライベートでもよくお世話になっているので、感謝することしきりです。

**――ほかに印象的だった関係性は？**

大和田：みやことひなた、ひなたと乃愛、松本とみやこの関係性はそれぞれ印象深いです。ずぼらで周囲からツッコまれることも多いみやこが、ひなたの前では頼りになるお姉ちゃんになるのがいいですよね。第3話でひなたが拗ねたときに、お風呂でみやこがよしよしってするシーンがありましたけど、みやこの姉らしいところが見られてよかったです。みやこ役の上田麗奈さんの「おいで」って言い方がすごく優しくて思わずウルッときました。

**――みやこには包容力がありますよね。**

大和田：みやこの包容力は上田さんの演技の影響もあると思います。人混みが辛いのにがんばってミュージカルを観に来てくれましたし、すごく愛情深い人。だから子ども、とくに妹であるひなたの目には「いつも自分と遊んでくれる優しくて面倒見がいい憧れのお姉ちゃん」として映るんでしょうね。みやこにはもっとたくさんの人と触れ合ってもらって気軽に外に出られる大人になってほしいです。

**――ひなたと乃愛についてはいかがですか？**

大和田：ひなたが乃愛に対してはサラッとイケメンな言動をするところも、乃愛がそれを受けて乙女のような反応をするところも、普段のふたりからは想像できない反応で驚きました。でもそんなふたりの関係性もステキですよね。普段からおめかしすることに余念がない乃愛が、ひなたと一緒にいるとさらに気合を入れてかわいくなろうとしているところも微笑ましいです。

**――松本とみやこにはどんな印象を持っていますか？**

大和田：松本は間違った方向性に情熱があふれているので、みやこからすると迷惑な部分もありますけど、助けにもなっている点がおもしろいですよね。松本と出会ったことで自分がいかに花を怖がらせていたかに気づきましたし、松本のフォローのおかげで花と乃愛のお母さんからの印象もよくなりましたし。好きな人のことになると暴走する共通点も含めて、このふたりの関係性は見ていて楽しいです。

## 作品を通じて知った『わたてん』ならではの魅力

**――TVアニメ全12話のなかで、大和田さんの印象に残っている話数は？**

大和田：第4話の夏祭りで夏音と小依が一緒に輪投げにチャレンジする場面です。小依が何回やっても取れなかったものを夏音が一度に2個も取るところと、輪投げでゲットしたブレスレットを分け合って手を繋ぐところ。誰も入ることができないふたりの関係性と仲の良さが描かれていて、自然と口元に笑みが浮かびました。

**――小依が夏音の手を縛る第5話にはビックリしました。**

大和田：衝撃的ですよね。けっこう怖いやり取りだと思うんですけど、それがかわいらしくほんわかと描かれているところが『わたてん』ならではという感じがして好きです。危険な状況だと思うんですけど、夏音は小依なら解いてくれると信じていて、小依も解けると確信していて、ブレないふたりの関係性が素晴らしいですね。

**――ほかに思い出に残っている場面は？**

大和田：魅力的な衣装が多く描かれていたので、それを着ていた場面はどれも印象に残っていますね。そのなかでもOVA「私がお姉ちゃんだよ」に登場

INTERVIEW

# 小依を通じて忘れかけていたチャレンジ精神を思い出しました

したハロウィン衣装や、夏祭りのときの浴衣姿、第12話のミュージカルの天使の衣装は大好きです。とくにミュージカルは乃愛が何役もこなしていましたが、役が変わるたびに服が変わって、しかもそれをすべて着こなしているのがステキでした。

**――ミュージカル収録時の思い出深いエピソードは？**

**大和田：**ミュージカルを収録するというのが初めての経験だったので、その時点でインパクトが強かったんですけど、さらに歌を全員でそろって録るという珍しい収録方法だったので思い出深いです。ミュージカルのときの花の歌声が、これぞまさに天使の歌声という感じですごく好きなんですよ。それぞれのブースに入ってヘッドホンでみんなの声を聞きながら収録したのですが、ヘッドホン越しに聞く花の歌声は素晴らしかったですね。みなさんにもぜひ性能のいい音響機器で聞いていただきたいです。

**――ほかに現場で印象的だった出来事は？**

**大和田：**第5話のみんなでクッキーを作るところで、小依が砂糖をボウルのなかに大量投下するじゃないですか。そのときの小依の声がスローモーションなんですけど、あれは加工したものではなく、自分の声で出したものなんです。だんだん声を間延びさせてスローモーションの音にする演技は経験がなかったので、面白かったです。アフレコだけでなく、「わたてん☆5」としての活動で曲を収録するときなどもそうですが、ほかの現場ではあまり経験したことがない形式で取り組むことが多くて、新鮮だし楽しい現場でした。

**――『わたてん』の楽曲のなかで、とくに好きなものは？**

**大和田：**「無限大ハピネス」です。アニメが終わったあと、しばらく経ってから「わたてん☆5」として収録した曲なんですけど、久しぶりに5人の歌声があわさった曲を聞いて感動しました。ひなたの元気な声、花の天使の声、乃愛の伸びやかな声、夏音の優しい声……「『わたてん』が帰ってきた！」という感覚があって、また『わたてん』の世界に関わることができた実感で感激しましたね。曲名の通り聴いているだけで幸せな気持ちになる曲なので、まだ聴いていない方はぜひ聴いていただきたいです。

**――最後にファンの皆さんにメッセージを！**

**大和田：**『わたてん』の世界が大好きですし、この作品を通じて癒やされたこと、またがんばろうと思えたことがたくさんあります。そんな作品を劇場でもお届けできるのはすごくうれしいです。これも皆さんが応援してくださったおかげだと思います。「わたてん☆5」の活動もありますし、これからも皆さんと一緒にたくさんのかわいさ、尊さ、暖かさを共有したいです。よろしくお願いします。

## Q&A

**Q**『わたてん』キャラクターのなかで、妹にしたいのは誰？

**A** ひなたです。お姉ちゃん大好きなところがすごくかわいいですし、いっぱい甘えてもらえたほうがうれしいので寝相の悪さもどんと来いです。ひなたに「ひとねぇ、ひとねぇ」って言われたらわしゃわしゃ頭を撫でたくなりますし、家のなかも明るくなると思うので、一緒にいっぱい遊びたいですね。

**Q** あなたにとって「天使」とは？

**A** 心が浄化されたときに思わず「天使!」と言ってしまうので、私の心を清らかにしてくれる人が天使だと思います。天使という言葉に「心を浄化してくれてありがとうございます」という意味を込めているような気がしますね。

# CAST INTERVIEW 6

## 小之森夏音

# 大空直美

profile

大空直美（おおぞら・なおみ）　2月4日生まれ。宮城県出身。青二プロダクション所属。代表作は『惑星のさみだれ』朝日奈さみだれ役、『ジャヒー様はくじけない！』ジャヒー様役など。

夏音と小依の関係性の尊さがたまらなく愛しい

**——まずは原作を初めて読んだときの印象を教えてください。**

大空：みんながみんな、大好きな人たちへの純粋な思いにあふれているところがステキだと感じました。女子大生のお姉さんが小学生にもにょっとした気持ちを抱く、と聞くとちょっと怖そうですけど、そんな感じがまったくしないのはピュアな気持ちが根っこの部分にあるからだと思います。とくに印象的だったのは花が現れたときのカットですね。逆光の描き方やみやこの衝撃の受け方から、読み手にも花のかわいさがダイレクトに伝わってきて、まさに「天使が舞い降りた」と感じました。

**——夏音の印象と魅力は？**

大空：夏音は小学生なのに私よりもしっかりしていますし、よくできた子です。お料理もお裁縫もできて、お菓子作りも得意で、学級委員も担当していて、なんでもできる子。だけど自分から前に出ることはなく、大好きな小依のことを立てることもできる。この歳にしてなんて完成された子なんだろうと。きっといいお母さんになります！

**——夏音を演じる際に意識していることは？**

大空：原作を読んだときに感じた、柔らかくて優しい笑顔の印象を大切にして演じました。普段は元気な子や気の強い子を演じることが多いからこそ、夏音に関してはなるべく優しい声を出したいと思っていましたね。私はお芝居をするときに演技がブレないよう軸を作るんですけど、夏音が一番大事にしているのは小依なので、小依への思いを軸に据えました。そこから友達を大切にする気持ちやみんなのことを受け止める包容力などを肉づけしていき、夏音の演技が完成しました。

**——夏音の演技といえば、アニメでは小依に耳打ちをするとき「ぽしょぽしょ」と言っていました。シナリオでは「こしょこしょ」だったとうかがっているのですが、変えた理由は何でしょう？**

大空：夏音の場合は「ぽしょぽしょ」のほうが似合うし、かわいいと思ったんです。初めて「ぽしょぽしょ」を使ってからは、台本でも「こしょこしょ」ではなく「ぽしょぽしょ」に直されていたので、アドリブを取り入れていただけてうれしかったです。

**——夏音のパートナーである小依の印象は？**

大空：ひとちゃん（大和田仁美さん）が演じることによって、小依の持っている心根のよさがさらによく出ている気がします。小依って一見すると気が強くて頼られたい、「私についてきなさい！」ってタイプなんですけど、軸にあるのは健気さ。一生懸命がんばっている小依らしさをひとちゃんが引き出していると感じています。原作を読んだときから好きでしたけど、アフレコで声を聞いてさらに小依が好きになりました。なんでも自分でやりたがる年相応の子どもらしさも相まって、放っておけない魅力がありますよね。こんな子がいたら私だって夏音と同じようにそっとサポートしますし、大事にしたくなります。とても愛しいです。

**——夏音と小依の関係性についてはいかがですか？**

大空：尊すぎて涙が出てきます。アニメで夏音と小依が仲良くしているシーンを見ると感極まって泣いちゃうんですけど、それくらいふたりの関係性が好きです。第5話で小依が夏音の手を縛るシーンがありましたが、そんな提案を平気で受け入れるところに危うさを感じつつも、ふたりの仲の良さが伝わってきて好きです。嫌という気持ちが一切なくて、何も心配はいらないという信頼を感じます。きっと小依ちゃんにだったら何をされても大丈夫なんでしょうね。夏音と小依の関係は私とひとちゃんの関係と真逆だからおもしろいです。

**——真逆というと？**

大空：私とひとちゃんは同じ声優事務所に所属していて、プライベートでも仲良くさせていただいているんですけど、普段は私がひとちゃんについてきてもらって、ひとちゃんがわたしをフォローするっていう関係なんです。夏音を演じていると、普段ひとちゃんもこんなふうに私のことをフォローしてくれているのかなと感じて、普段の我々を客観的に見ている気がして楽しかったです。

**——ほかに印象的だった組み合わせは？**

大空：ひなたとみやこです。ひなたの甘えたい気持ちと、それを受け入れるみやこの安心感がたまらないです。普段は人見知りなみやこがひなたに対してはしっかりお姉ちゃんをしているところが大好きです。

作品に息づく友情と優しさに思いを寄せて

**——TVアニメ全12話のなかで、大空さんの印象に残っている話数は？**

大空：第5話で描かれた小依と夏音の子ども時代のエピソードです。小依が風船を取り戻して夏音がうれし泣きするところは、小依に対する夏音の信頼の理由が伝わってくるステキな場面でした。第10話でみやこが一生お菓子を作るという発言をして、それを花が受け入れたところも好きです。ふたりが本当に一生の付き合いになるのかも、と思えるいいシーンですよね。単にお菓子が食べたいというだけでなく、花がみやこを受け入れたからこそのやり取りだと思うと、胸にアツいものがこみ上げてきました。

**——大空さんはどのお菓子に惹かれましたか？**

大空：第1話で登場した味がしみしみのフレンチトーストです。私自身フレンチトーストが大好きなので、作るところから食べるところまで「たまらん……！」と思いながら観ていました。ネット上では「食べ物が美味しそうなアニメはいいアニメの法則」が囁かれているそうですが、本当にその通りですね。アフレコ現場でもお菓子をよく差し入れていただいたのですが、花役の指出毬亜さんが花と同じように美味しそうに食べている姿は今でもよく覚えています。お菓子と言えば花という認識があったので、現場に花がいるような感じがして微笑ましかったです。

**——現場の雰囲気のよさが伝わってきます。**

大空：作品の優しさと同じくらい優しい空気感に包まれた、とても居心地のいい現場でした。キャスト陣だけでなく、スタッフの皆さんのお人柄もステキでしたね。「わたてん☆5」としてイベントやステージに登壇したときに応援に駆けつけてくださったり、大部屋を借りて私たちと一緒に第12話のリアルタイム視聴をしてくださったり、優しくて心が清らかな方たちでした。そういった人柄の良さが作品の良さにも表れていると思います。

**——衣装などの小道具も魅力的でした。**

大空：いろんな衣装が登場しましたね。コスプレ周りでは第1話ラストのホワイトリリィの衣装のインパクトが強いですが、第7話で乃愛がひなたのためにみやこのコスプレをしていたのもよく覚えていま

# 夏音は小依を一番大切にしているので その気持ちを軸に据えて演じていました

す。ふたりがとても楽しそうでしたから。夏音で言えば第4話の浴衣と第12話の天使の衣装はどっちも大好きです。とくに天使の衣装を着た夏音には感動しました。ミュージカルの演出の影響もありますが「本当に天使だったんだ……」と思いました。

**——第12話のミュージカルの感想はいかがですか?**

大空：アフレコ初期から聞いてはいたのですが、そのときはイメージできずピンときていませんでした。ミュージカル用の歌をレコーディングする段階で絵コンテを見せていただいて、ようやくどういったものになるかを理解して衝撃を受けました。このすごい演出を観たファンの方たちはどんな反応をするんだろうと気になりましたし、絶対にステキな最終回になると確信しました。収録もすごく楽しかったですね。

**——『わたてん』の楽曲のなかで、とくに好きなものは?**

大空：小依のソロ曲「あかいろリトルリーダー」です。小依の一生懸命がんばっている姿がそのまま表現されたような曲で、聴くだけで思わず泣いてしまうほど好きです。キャッチーで元気さが満点な曲調も魅力的ですけど、ひとちゃんが歌っている姿を思い出して胸にこみ上げてくるものがあるのも好きな理由のひとつです。その次に好きなのはオープニング曲の「気ままな天使たち」。あなたのすぐそばにいるよっていう歌詞に優しさを感じるので好きです。『わたてん』の曲って「なかよし」や「ずっと一緒」といった言葉がたくさん入っているから友情を感じられるんですよね。純粋でストレートな仲の良さが表現されていて、いいなって思います。『プレシャス・フレンズ』の新曲もステキな仕上がりにしていただいたので、皆さんのもとに届くのが楽しみです。

**——最後にファンの皆さんにメッセージを!**

大空：初めて『プレシャス・フレンズ』の制作が発表された際、鬼頭明里さんが「またみんなでアフレコができるんだ」と言ったときに涙が出ました。新作アニメやライブができるのは応援してくださる皆さんのおかげです。本当にありがとうございます。私たちも『わたてん』の世界観が大好きなので、劇場で見れるのが今から楽しみでなりません。今はライブに向けて一生懸命がんばっておりますので、ぜひお待ちいただければと思います。

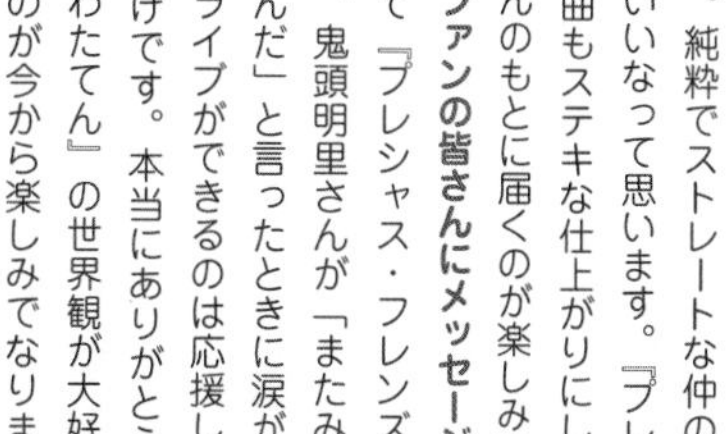

Q&A

**Q『わたてん』キャラクターのなかで、妹にしたいのは誰?**

A 私も長女で姉という立場なのでみやこに親近感があるんですけど、私の場合は弟なので、ひなたを見ているとこんな妹が欲しいって強く思います。長江里加ちゃんの演じるひなたが本当にかわいくてかわいくて。ひなたの誰に対しても物怖じしないところと長江ちゃんの活発で明るい声がマッチして、太陽みたいな魅力がありますよね。一緒にお風呂に入って甘えられたいです。

**Q あなたにとって「天使」とは?**

A ひとちゃんです。ものすごくいい子なんですよ。心がとてもキレイな感動屋さんで、お誕生日のサプライズなどをとても喜んでくれるんです。言葉にせずとも私が困っていることを察して「疲れていますか?　何かありましたか?」って気遣ってくれますし、どんなときも思いやりを忘れない。深い悩みを相談したときに泣いて心配してくれたんですよ。人の思いを汲み取って共感できるひとちゃんは、まさに「マジ天使」という言葉がピッタリだと思います。

CASTINTERVIEW 7

# 松本香子役

# Lynn

profile

Lynn（りん）6月1日生まれ。新潟県出身。アーツビジョン所属。代表作は『ウマ娘 プリティーダービー』マルゼンスキー役、『君の膵臓をたべたい』山内桜良役など。

**――まずは原作を初めて読んだときの印象を教えてください。**

Lynn：かわいらしさと幸せにあふれた世界なんですけど、同時に笑いどころもたくさんあってテンポもよくて、すごくおもしろかったです。ただアニメの松本は、私が演じていて楽しくなってしまったせいで原作よりはっちゃけた印象になったと思うので、原作者の椋木なつ先生がどういった気持ちでアニメをご覧になっていたのかドキドキしています（笑）。

**――オーディションに向けてどのような準備をしましたか？**

Lynn：じつはオーディションで受けたのはみやこ役なんです。松本はオーディション対象キャラクターではなかったので、指名していただいた形になります。みやこのお芝居を見て松本のほうが似合っていると思っていただけたのかなと勝手に解釈していますが、松本を演じることができて本当によかったです。

**――松本の印象は？**

Lynn：すごくピュアでまっすぐな人。やり方は間違っているけど、みやこを思う気持ちはかわいらしいです。大学生だけど精神年齢はひなたたちとあまり変わらない印象がありますね。ちびっこたちと同じテンションと目線で会話をしているので、そこがいい空気感を作っている理由なのかなと。生放送などのコメントで「松本ー！」って書き込んでくださる方がたくさんいらっしゃるので、愛されていると感じてありがたく思います。

**――松本の魅力はどんなところ？**

Lynn：毎日努力してみやこに並ぶくらい裁縫の腕を上達させる熱量と、愛情の深さがすごいですよね。ファンの方たちからも「やりすぎ！」とツッコまれながらも「まぁでも松本だしな」と受け入れられていますし、おもしろキャラとして好かれているのは大きな魅力だと思います。松本が登場したことで、みやこが「私も花ちゃんにこんな気持ちをさせていたんだ！」と気づくきっかけになりましたし、結果的に物語をいい方向に導いているところもおもしろいですよね。

**――演じ方で意識していることはありますか？**

Lynn：初めてアフレコ現場に入って、みやこ役の上田麗奈さんの演技を見たときに「こんなにかわいい演技がしてみたい！」と思い、演技の方向性が決まりました。松本がみやこに憧れていて、みやこみたいになりたいと思っている人だから、もしかしたら上田さんへの憧れを持ったままお芝居をすれば松本らしさが出るのではないかと思い、上田さんの演技を真似させていただきました。演じているうちに松本と私の気持ちがリンクしていって、もっと演じ方を近づけたいと思うようになりましたね。

**――具体的にはどのようなところを参考にしたのでしょうか？**

Lynn：声のキーが高くなるところやちょっとだけ震えながらしゃべっているところなど、かなり上田さんのお芝居をお借りしています。私が普段通りに松本を演じようとすると声の圧が強くなり、松本の印象が怖いものになる可能性がありました。そういった意味で上田さんの演技を参考にしたのは正しかったと思いますし、私のなかの新しい演じ方の扉を開くきっかけにもなりました。

**――Lynnさんのみやこに対する印象は？**

Lynn：主人公なのにここまで恥ずかしがりやで人見知りの女の子も珍しいですよね。ただ、誰にも知られたくない趣味や大切にしたい自分だけの時間は誰にでもあると思うので、そういった部分にはとても共感できます。花たちとの出会いをきっかけにいい成長をしつつも、興奮すると息を荒げちゃうような根っこの部分は変わらなくて、そんなブレないところも好きです。一方でひなたに対しては良きお姉ちゃんとして接しているので、そういったいろんな面を見せてくれるところが飽きないし、たまらなくステキだと感じます。

**――松本の気持ちに共感する部分も？**

Lynn：松本の気持ちはよくわかります。今でこそ仲良くなりたい人にがんばって話しかけられるようになりましたが、昔はすごく人見知りで、憧れの人と仲良くなりたいと思っても声をかけられなかったんです。影で見ていることしかできず、現場で一緒になれたら幸せ、という状態でした。私は松本のように勝手に友達だと思い込むことはないですが（笑）。言葉にはできないけど私がこんなに好きだってことに気づいてほしい、と思う気持ちを抱くことがよくあります。

**――松本と意気投合していたひなたに対する印象は？**

Lynn：同志です。今までみやこへの愛を語り合える人はいなかったでしょうし、ようやく会えた仲間としてうれしかったと思います。年齢がまったく違うのに同じ空気感で話していますし、ふたりでみやこを取り合うのではなく一緒に愛でていく平和さがいいですね。キャラクターのなかではひなたが一番好きです。ひなたから「松本ー！」って呼んでもらえるのも個人的にはごほうびで、掛け合いもとても楽しいです。

**――アフレコ現場で印象に残っていることは？**

Lynn：キャラクターのイメージとキャスト陣のイメージが一致していたので、本当に現場にひなたたちがいるかのような感覚でした。休憩中に皆さんがお菓子を食べているときに、上田さんとふたりで「かわいいね」「そうですね」という感じで眺めることが毎週のようにあって、幸せな雰囲気の現場でした。

**――TVアニメ全12話のなかで、Lynnさんの印象に残っている話数は？**

Lynn：第12話のAパートが全部ミュージカルだったのは衝撃でした。完成したフィルムで初めて全体像を見ましたが、深い愛のストーリーにステキな曲や演出がついていて、一本の作品として感動しました。途中で松本と妹のゆう（友奈）が登場していたのは、きっとファンサービスですよね。ミュージカルで魅せるという演出はとても素敵で、参加できなかったのが悔しいくらいでした。それと、第8話でみやことひなた、花と乃愛、夏音と小依がそれぞれペアでお出かけしていたシーンも好きです。それぞれ違う形で仲がいいことが伝わってくるステキな場面だったと思います。

**――第8話は友奈が初めてしゃべった話数でもありましたね。**

Lynn：かわいらしい妹がいて、しっかりお姉ちゃんをやっているという松本の新たな一面が見られたシーンでしたね。単なるみやこオタクではないこと

# 松本に共感していたので演じるたびに気持ちがリンクしていきました

がわかるステキな一幕でしたけど、ペットの犬にみやこという名前をつけているのはさすがにちょっと怖かったです（笑）。あの犬は、アフレコ現場で希望者によるミニオーディションをやって大空直美さんに決まったんですよ。懐かしいです。

**――松本のセリフで印象的だったのは？**

Lynn：第10話の「私の血肉となって一生身体をめぐり続ける」です。どんな人も思わず引いちゃうすごい言葉ですよね。一生めぐり続けるなんてそんなことありえないからこそ、松本の変態なところが際立っていた気がします。

**――松本以外で印象に残っているセリフは？**

Lynn：同じく第10話の、みやこから花への告白シーンですね。正確にはその直前の「お姉さんのシュークリームのほうが私は好き」っていうセリフが大好きです。花は嘘がつけない子なので、あの言葉を聞いたときに本当にふたりの距離が近づいたんだなと感じて、思わず胸がキュンとしました。

**――ほかに印象に残っている掛け合いは？**

Lynn：第7話のみやこ不在時のひなたと乃愛の掛け合いでしょうか。ひなたがみやこのコスプレをした乃愛に甘えるんですけど、普段は表に出せない感情を全面に出した乃愛がデレ増し増しという感じですごくよかったなと。『わたてん』はいろんな衣装が出てきて、そこも魅力的ですよね。

**――作品内に登場する衣装のなかで、とくに好きなものは？**

Lynn：第1話で花とひなたが着ていた猫耳フードつきのパーカーです。短い時間ですぐにパッと次の場面に切り替わったので、着ていたのはほんの少しの間だけですが、猫が好きなのであの衣装はお気に入りですね。それと、みやこがいつも着ているジャージも好きです。ジャージを着ているみやこがかわいいから、というのもありますけど、2019年のイベント「ハッピー・ハッピー・フレンズ」で上田さんと一緒にジャージを着た影響もあるのかな。ジャージを着る機会があるたびに『わたてん』のジャージを思い出します。

**――『わたてん』の楽曲のなかでとくに好きなのは？**

Lynn：松本とみやこのデュエット曲「ディアマイフレンド」です。ふたりで一緒にレコーディングをするというのが初めての経験だったので、すごく楽しかったですし、深く思い出に残っています。それぞれの声を聞きながらお互いに高めあっていく感じ。正式な友達関係になったふたりを描くかのような歌詞を聞いていると、アニメから先の展開はこんなふうにちゃんと友情を築くことができているんだな、と思って胸が熱くなります。曲のラストにアドリブで入れたふたりのセリフが入っていますので、まだ聴いたことがない方はぜひ聴いてみてください。

**――最後にファンの皆さんにメッセージを！**

Lynn：『わたてん』が劇場で見られるだけでも幸せなのに、松本も出していただけるということで感謝しかありません。みんなでまた新しいものを作っていけるワクワクで胸がいっぱいです。「わたてん☆5」のライブを見て感動で泣いてしまうくらいこの作品が大好きですし、そんな作品の続きが見られるという幸せをみなさんとぜひ共有していきたいです。これからもよろしくお願いします。

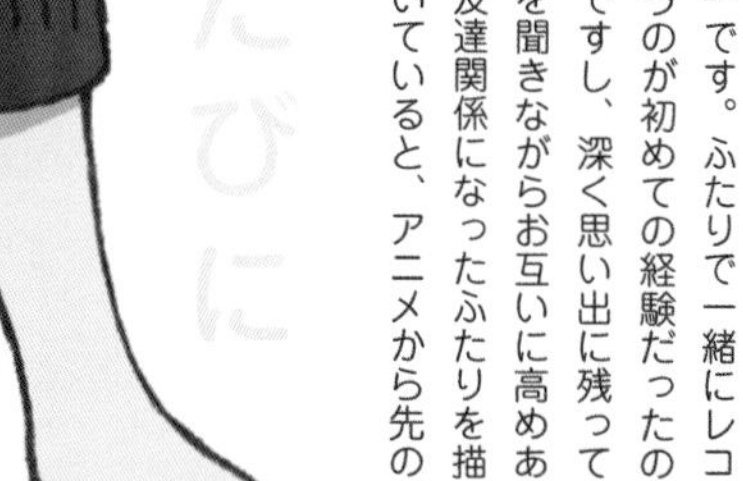

Q&A

**Q『わたてん』キャラクターのなかで、妹にしたいのは誰？**

A 松本役ということもあってゆうを選びたいですけど、誰かひとりを選ぶならひなたですね。無邪気でかわいさ満点、だけどときどきカッコよくなる。わんちゃんみたいなところが大好きです。寝相の悪さが毎日続くと思うとビクビクしますけど、ふたりで一緒に寝たいなって思います。

**Q あなたにとって「天使」とは？**

A 見ているだけで幸せになれる人ですね。その人が笑っているだけで幸せになれるし、癒やされるし、生きていてくれてありがとうって思える存在。幸せをくれるのではなく、見ていることでこっちが勝手に幸せになる感じ。それくらい存在感のある人が天使だと思っています。

# わたてん☆5

## アニメ『わたてん』から飛び出した声優ユニット

本作の主要キャストである指出毬亜、長江里加、鬼頭明里、大和田仁美、大空直美の５人で結成されたユニット、それが「わたてん☆5」だ。OP テーマの「気ままな天使たち」と ED テーマの「ハッピー・ハッピー・フレンズ」の歌唱を担当。2021 年２月には 1st ワンマンライブ（無観客）も開催した。

鬼頭明里

長江里加

指出毬亜

## わたてん★5 HISTORY

| | |
|---|---|
| 2019年1月30日 | 「気ままな天使たち」／「ハッピー・ハッピー・フレンズ」シングルCD発売 |
| 2020年11月25日 | 1stアルバム「デリシャス・スマイル！」発売 |
| 2021年2月6日 | 1stワンマンライブ「デリシャス・スマイル！」開催 |
| 2021年12月22日 | 1stワンマンライブ「デリシャス・スマイル！」Blu-ray発売 |

『プレシャス・フレンズ』のOP＆EDテーマも歌唱！

OPテーマ「プレシャス・フレンズ!」

EDテーマ「ずっと…ずっと…」

2ndワンマンライブ「みんながプレシャス・フレンズっ!!」も開催!!

大空直美

大和田仁美

ANIME STAFF INTERVIEW 1

## 監督 平牧大輔

profile

平牧大輔（ひらまき・だいすけ） 神奈川県出身。フリーの演出家。ほかの監督作品は『恋する小惑星』、『SELECTION PROJECT』がある。

## 原作者 椋木ななつ

profile

椋木ななつ（むくのき・ななつ） マンガ家。コミック百合姫 2017 年 1 月号から『私に天使が舞い降りた!』を連載中。2022 年 9 月現在、既刊 11 巻まで発売中。

# アニメ側のアイデアを原作に逆輸入することも多かったです（椋木）

### アニメ化の際に決められた「ミュージカル」という目標

**——まずは平牧監督にお聞きします。『わたてん』を初めて読んだときの印象を教えてください。**

**平牧**：最初にお話をいただいたのは、もう5年近く前になりますかね。『わたてん』では制作デスクを務めていた動画工房の小林（涼）さんから「監督に興味ありませんか」と声をかけていただき、迷いながらもお受けしたことはいまでも覚えています。そのときに読んだ原作の印象は「ほのぼのとした作品」でしたね。当時はまだコミックス第1巻しか出ておらず、そこまで話が進んでいなかったので、「どうやって全12話のドラマを作ろうか」といろいろ考えていました。

**椋木**：動画工房さんからは、平牧監督は当時監督の経験はありませんでしたが、『NEW GAME!』というアニメの各話演出に入られてすごくいい仕事をされていた方だと紹介がありました。動画工房さんが信頼を寄せていた方だったので、安心して監督をお願いできたんですけど、平牧監督がお話されていたとおり当時はあまり原作が進んでいませんでした。なのでコミック百合姫の連載に使うネームをそのままスタッフの皆さんに共有し、それをもとにシナリオを起こしていたと思います。

**平牧**：そうでしたね。全12話のアニメとして構成するからには、ただ原作のエピソードを羅列するだけではなく、ひとつの物語の流れを作らなければなりませんでした。椋木先生に「この先どんな展開を考えていますか?」とお聞きしながら、制作していったんです。

**——平牧監督としては『わたてん』をどんなアニメにしたいと考えていましたか?**

**平牧**：最初にメインスタッフで集まって、これからどんな方向性で行こうかと話し合っていたときに、当時日常系アニメというジャンルの作品がとても多く世に出ていた時期だったので、普通にやったら埋もれてしまうのではないかという意見があったんです。基本的にはほのぼのとした日常系でやりつつも、何らかのスパイスになる要素がほしいと考えていました。その流れで思いついたのが、「最終回でミュージカルをやる」というアイデアでした。

**椋木**：たしか平牧監督から先のプロットを聞かれたときに出したアイデアのひとつに「文化祭」があって、そこから平牧監督にアイデアを広げていただいたんですよね。ただ具体的に文化祭で何をするか決めていなかったので、じつは平牧監督のアイデアを原作に逆輸入させてもらっていたんです。

**平牧**：椋木先生が柔軟に対応をしてくださったおかげで、いろいろなことがスムーズに運んでよかったです。普通は原作付きのアニメを制作するときって、監督が原作者の方とやり取りをすることはそこまで多くないと思うんですけど、アニメ『わたてん』は椋木先生も一緒になって作り上げた作品ですね。

**——第12話でミュージカルをやるのは、最初から決めていたのですね。**

**平牧**：ミュージカルなんてどう考えても制作のカロリーが高いので、てっきり反対されるのではないかと思っていたんですけど、皆さん「やりましょう!」と乗り気だったんですよ。自分としても「やると言ったからには気合いを入れなければならない」と気を引き締めました。

**椋木**：自分も最初に聞いたときは驚きましたけど、ミュージカルを作ると決めたから、「なら音楽に力を入れなくちゃいけないね」となったんですよね。「わたてん☆5」が生まれ、アニメが終わってからも単独でライブを開催するほど盛り上がれたのは、結果的に平牧監督のアイデアと決断があったからなので、そこはとても感謝しています。主題歌やキャラクターソングも全部いい曲だったので、原作者としては大満足です。

**——全12話の構成は、どのようにして考えたのですか?**

**平牧**：最後にミュージカルをやると決めてからは、目標をそこに定め、それまでの11話は最後にミュージカルをやっても不自然にならないような構成を目指していました。まずミュージカルの内容は作品とリンクしたものにしたかったので、それまでにみやこと花たちの関係性をしっかりと描く必要がありました。あとOP映像で花やひなたたちが体育館の舞台の上でダンスをしているカットがありますけど、あれは自分のなかでは「ミュージカルの予行演習の様子を切り取ったもの」なんですよ。もちろん実際の振り付けは違いますけど、雰囲気が伝わればいいかなと思っていました。

# 第12話のミュージカルに目標を定め全体の話数構成を決めました（平牧）

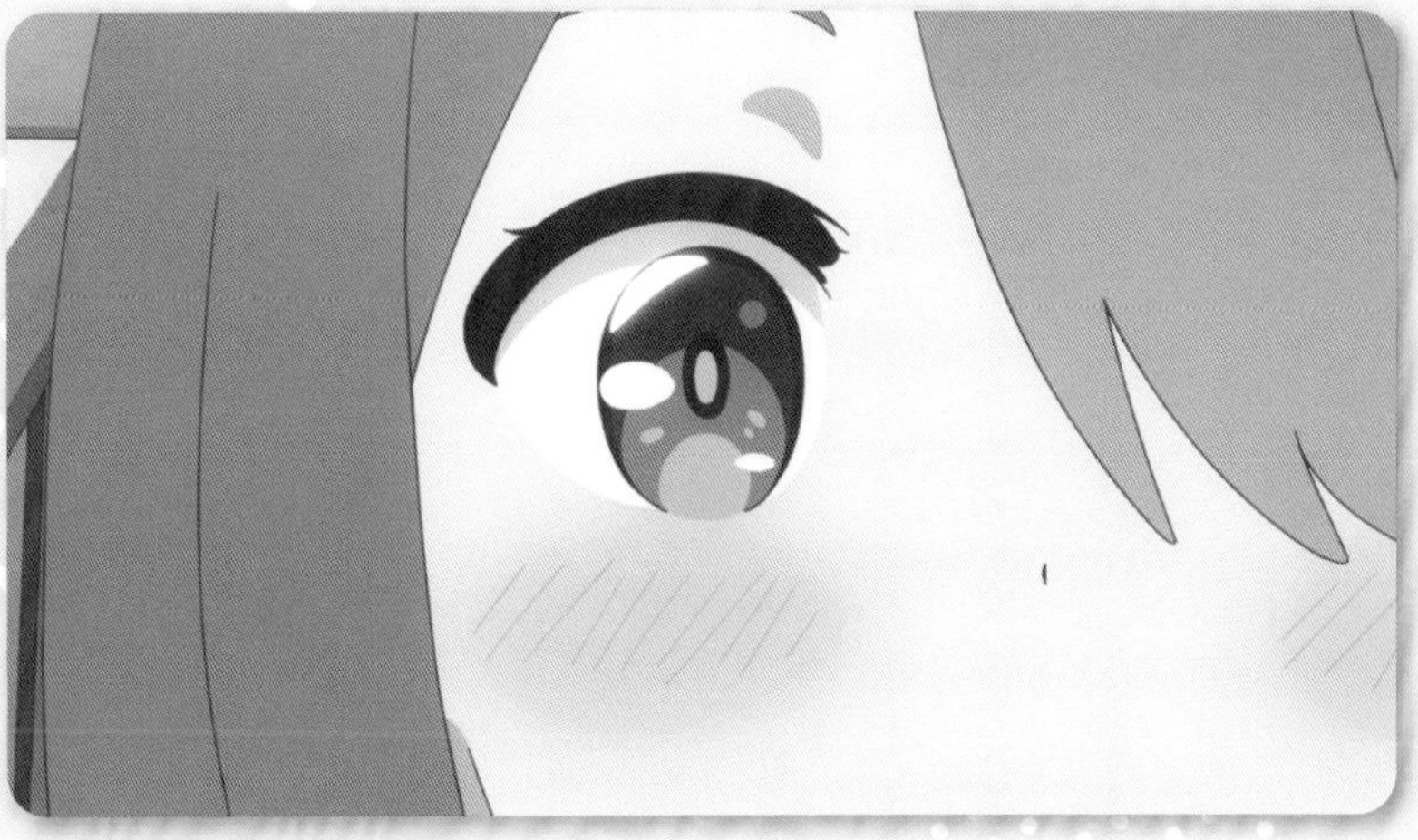

**椋木：**個人的には、花をミュージカルの主役にするという流れを自然に描いていただけたことがうれしかったです。花は性格的に自分から「主役をやりたい」なんて絶対に言い出さないので、どうするのだろうと思っていたんですけど、いい形に着地できてよかったです。

**平牧：**花をミュージカルにどう巻き込むかは椋木先生にも相談をしていたので、自然な流れを作れたのは椋木先生のおかげでもあります。また音楽の伊賀拓郎さんにも、「最後にミュージカルがあることを前提とした曲作りをしてほしい」とお願いしていました。最初はミュージカル曲を先に作って、劇伴をミュージカル曲のアレンジにするというアイデアだったのですが、制作の都合でそれは逆になり、ミュージカルの曲を本編の劇伴と近いものにしてもらっています。

**椋木：**マンガではミュージカルを表現するのは難しいので、まさにアニメならではの展開だなと思い、できあがるのを楽しみにしていました。たしかミュージカル曲の歌詞も、平牧監督がご自分で作っていましたよね。

**平牧：**正確にはベースとなる詞をつくり、どんなふうに曲にはめるかという細かい調整を伊賀さんにおまかせしていた形になります。作っていくうちにどんどん壮大な世界観になっていったので、「昔の伝承を伝える石碑に書いてありそうな言葉」をチョイスして入れ込んだ詞にしていたんですけど、正直ちょっと堅苦しすぎたと思うんですよね。伊賀さんがいい感じに歌いやすく調整してくださっていたので、とても助かりました。伊賀さんは全編通して、『わたてん』の丸くて温かな雰囲気を表現する音楽を作ってくださったので、本当にありがたかったですね。

**――ミュージカルパートの歌詞を平牧監督が書かれていたということですが、ミュージカルの話も平牧監督が考えられたのですか？**

**平牧：**自分はいままでシナリオを書いた経験がなかったので、シリーズ構成の山田（由香）さんに相談をしながら一緒に書かせてもらいました。ベースのお話を考えるのはもちろん、歌によって物語を進行させるのは難しかったですね。海外のミュージカル映画などをたくさん見て研究し、シナリオ制作を進めていました。

**椋木：**初めてのシナリオがミュージカルって、なかなかすごい経験ですよね（笑）。

**平牧：**でも「乃愛は絶対に出しゃばるから、3役くらい任せてみよう」とか、キャラの性格とかも考えながら自分で物語を組み立てていくのは楽しかったです。あとこだわった部分として、第12話で舞台の上で歌う花を見ているみやこをクローズアップしたときに、カメラがみやこの瞳に寄り、みやこの瞳のなかに花の立っている舞台があるという演出を入れました。あれは第1話でみやこが花と初めて出会ったときにやった演出のセルフオマージュになっているんです。本編でこれまで入れてきた物語や演出、音楽などの要素をできる限り詰め込もうと思ったら、Aパートがまるまるミュージカルになってしまいました。

**――ミュージカルの物語は、花が演じる天使アネモネがせっかく人間になったのに、想い人のデイジーがすでに亡くなっているというビターなものでした。ハッピーエンドではなくこうした終わり方にしていたのは、どのような意図があるのでしょうか？**

**平松：**自分としては視聴者の皆さんが想像をめぐらせる余地を作りたくて、あのような終わり方にしました。たしかに見方によってはビターな展開だと思いますけど、アネモネは最期の瞬間まで決して自分を不幸なんて思っていなかった、という見方もできます。第12話の放送終了後に、観てくださったファンの方がSNSなどでさまざまな考察を書いてくださっていたので、うれしかったですね。

**椋木：**解釈に正解も間違いもなく、皆さんが感じたことがすべて正しいということですよね。すごく平牧監督らしい、メッセージ性を持った物語だと思います。

## 何度見ても楽しめる伏線を随所に散りばめる

**――平牧監督がみずから絵コンテを切られた第1話は、その後の話数の指標となる部分も多かったと思います。とくにこだわったのはどんな部分でしたか？**

**平牧：**こだわりとしては、松本を登場させることです（笑）。第1話の時点ではっきり姿を出しているわけではありませんが、Cパートで乃愛の部屋に荷物を運んでいる引越し業者がそうですね。あとで見返したときに楽しんでもらえるちょっとした伏線みたいなものを各話に入れたいと思っていたので、それ以降の話数にもさり気なく松本を入れてもらうようにしました。あとはひげろーを『わたてん』のマスコットのように見せることですかね。日常系アニメといえばやはりマスコット的なものがつきものかと思っていたので、ひげろーをしっかり見せようと思っていたのですが、思いのほかひげろーのキャラが立って自分でも驚きました。

**椋木：**ひげろーは間違いなく、アニメの影響で人気が増したと思います。まさかひげろーがこんなにグッズ化されるなんて全然思っていませんでした。

**平牧：**自分も夏になったら、ひげろーのアロハシャツを着ています（笑）。

**椋木：**ひげろーは作中でも明確に「ださい」といわれる存在なので、アニメの絵柄だとかわいく見えないか心配だったんですよね。ひげろーがかわいく見えると、花がおしゃれということになってしまうのでそれはダメなんですけど、アニメのひげろーは絶妙なダサさでした。

**――主人公のみやこは、全話通してどんなふうに描こうと意識していましたか？**

**平牧：**みやこは主人公ですけど、読者・視聴者を代弁するというタイプではないと思っているんです。なのであまり視聴者目線とかを意識せず、ひとりの魅力的な女性として描くことを心掛けていました。締めるところは締めますけど根はとてもだらしない女性なので、キャラクターデザインの中川（洋未）さんには猫背だったり、ぽっちゃり系にしてほしいと伝えていました。デザインについては全体的に、中川さんの持ち味である丸みのある温かい雰囲気になったと思っています。

**――花やひなたなど小学生たちの描写についてはいかがでしたか？**

**平牧：**それぞれの個性を際立たせつつ、ネガティブな見え方をしないように気をつけていました。たとえば花は言葉のトゲが強くなってしまいがちですけど、根はとてもやさしい子なので、怒っている顔でもかわいく見えるように意識していました。ひなたは元気で何も考えていなさそうに見えがちですけど、みやこのこ

とをよく見ているので、気遣いのできる子で、服はみやこが作っている想定でオシャレな方向にしました。乃愛はときどき強引に見えがちですけど、本人は「こうしたほうがかわいい」というポジティブな思考で動いているので、嫌な子に見えないよう気をつけていました。

**椋木**：それは原作でも気を遣っていることでして、小依は自分のなかでは「能力は決して低くないはずなのに、そそっかしい性格のせいでミスをしてしまいがち」というキャラクターなので、あんまりドジな部分を強調しすぎるとできない子みたいに見えちゃうんですよね。

**平牧**：そうですね。なので小依についても、ドジな描写ばかりでなく、成功している描写も入れるようにしていました。そういう意味で、夏音はネガティブなところがないので気を遣わずにすんだかもしれません。母性という強い個性を描写することに注力していたと思います。

**――アニメでは小依と夏音が原作よりも早く登場していました。これにはどういった意図があったのでしょうか？**

**平牧**：音楽に力を入れることが決まったときに、花たち5人の声優さんたちで「わたてん☆5」というユニットにすることも決まりました。なのに5人のうち2人の出番がだいぶ遅くなってしまうのはかわいそうなので、早めに登場させたいと思っていたんです。

**椋木**：小依と夏音の出番を早めるにあたり、いろいろなエピソードの前後を入れ替えなければならないので、そのあたりは平牧監督たちからご相談を受けました。ただ前後させればいいわけではなく、「いまのアニメの花たちの関係値だと、こういうリアクションは取らないよね」となってしまうことがあるので、調整が必要になるんです。でもアニメ化が決まった時点では、まだ小依と夏音の個性をそこまで描けていなかったので、この2人もアニメの制作と一緒に深掘りされたキャラクターだと思います。

**――第5話で描かれた小依と夏音の幼少期のエピソードはアニメオリジナルのものでした。あれはどなたのアイデアでしたか？**

**平牧**：あれは山田さんのアイデアです。小依と夏音はなぜこんなにも強い絆で結ばれているのか説得力をもたせたかったので、何かエピソードを入れたいというところから出てきたアイデアでした。その上で椋木先生に具体的なイメージをお聞きしましたね。あと第4話の、夏祭りに来ていた小依と夏音が2人で光るブレスレットをもらうところもオリジナルです。あれも2人のエピソードをはさみたいと思ってシナリオに入れてもらったのですが、じつは夏祭りで何を手に入れるかけっこう悩んだんですよ。

**椋木**：最初は普通のブレスレットとかで相談を受けたと思うんですけど、小依と夏音がそんな思い出のアイテムを手に入れたら、肌身離さず身につけていると思うんですよ。でもそうしてしまうと今後の2人の作画に影響が出てしまうので、思い出には残るけど普段から付けて歩くわけにはいかない、という絶妙なアイテムを設定しなくちゃいけなかったんですよね。何がいいだろうって悩んでいるうちに、誰かからこういう縁日アイテムがあると提案があってあの光るブレスレットになったと思います。

**――松本については先ほど第1話から仕込みを入れていたというお話がありましたが、登場させてからはどんなことを意識していましたか？**

**平牧**：松本については原作からあまり変えず、視聴者の皆さんに「やばい人が出てきたな」と思ってもらえるような振り切ったキャラクター作りを目指しました。じつはアニメでは、みやこの変態っぽい部分を原作よりも少し抑えているんですよね。それでも第1話の時点ではみやこも十分「やばいやつだ」って印象だったと思うのですが、松本が出てきたことにより、相対的に「みやこってそこまでもないのでは」という印象になったかなと思います。

**椋木**：松本が正式に登場した第6話から、EDにも松本が登場するようになったんですよね。やっぱり『わたてん』は松本もいてこそだと思うので、やっと全員そろったなとうれしかったです。

**――そのほか、描写に気を遣ったキャラクターはいましたか？**

**平牧**：覚えているのは、みやことひなたのお母さんである千鶴ですかね。千鶴ってパイポを咥えているのがある意味トレードマークみたいになっているじゃないですか。でもTPOをしっかりわきまえる人だと思うので、パイポを外す基準をどうしようか悩んでいた覚えがあります。

**椋木**：千鶴はいいお母さんで、みやこにも普通に常識的なことを言っているのですが、みやこがだらしなさすぎるせいで「いつもみやこを叱る厳しい人」みたいに見えがちなんですよね。そこも平牧監督に気を遣っていただいたと思います。

**平牧**：そうですね。千鶴は決してみやこにいじわるをしているわけではありませんので、そこの見え方は意識して気を配っていました。あと個人的に、「子どもたちのお母さんが仲よくしているのってほのぼのとしていいよね」と思っていたので、春香とエミリーの登場も原作より少し早めていたんです。春香は「怖がっている花ちゃんが見たい」とか言い出すところに少しみやこと似たものを感じましたし、エミリーはまさに大きくなった乃愛という印象です。強烈な個性を持ったお母さんたちも、魅力的な作品だったと思います。

## TVアニメを見返してから『プレシャス・フレンズ』を見てほしい！

**――これまでキャラクターの話を聞いてきましたが、それぞれのキャスティングについてはどんな考えを持ってされていたのですか？**

**平牧**：まずみやこは、お姉さんなんだけどまだまだ子どもっぽいので、その中間のニュアンスを出せるような方がいいと思っていました。上田麗奈さんは以前に別の現場でご一緒したことがあったのですが、「めちゃめちゃ上手い方だな」と印象に残っていたんですよね。オーディションでもみやこの難しいニュアンスをしっかり表現し、理想のみやこを演じてくださったので、安心しておまかせすることができました。そして松本役のLynnさんは、もともとみやこ役のオーディションを受けられていた方でした。松本はみやこの真似をすることがあるので、器用な方にお願いしたいなと思っていたのですが、Lynnさんが上田さんの演じるみやこをうまく真似してくださっていましたね。結果的にハマり役だったのかなと思っています。

**椋木**：たしか花役の指出毬亜さんは、当時学生で夜のアフレコに参加できないみたいな話をされていました

## 第10話はアニメ化していただけて一番うれしかったエピソードです（椋木）

## お風呂シーンはキャラクター同士の心の交流を描くため入れています（平牧）

よね。自分も何度かアフレコに参加させてもらいましたけど、若い方が多くてにぎやかな現場という印象でした。

**平牧**：指出さんとひなた役の長江里加さんは声を聞いて「この人だ」と満場一致で決まったのですが、2人とも当時はまだキャリアが浅かったので、「みんなで支えよう」という空気がありましたね。ほかのキャストの方もだいたい満場一致で決まっていたと思います。乃愛役の鬼頭明里さんは地声がけっこう低かったので乃愛みたいな声ができるのかなと思ったのですが、すごく自然に演じられていたので驚いていました。

**椋木**：あとアフレコ現場で、上田さんと指出さんをできるだけ隣の席にしてあげようみたいな空気がありましたよね？

**平牧**：2人の掛け合いが多い作品ですからね。あと上田さんはとても上手な方なので、現場では指出さんが上田さんの演技から何かを学ぼうとされていたのが印象に残っています。上田さんも、まるでみやこが花をかわいがるかのように、指出さんのことを気にかけていましたね。『プレシャス・フレンズ』の現場では、場数を踏んでしっかり成長されていたので、良かったです。低い声も前より出しやすそうでした。

**――あとアニメでは、ほぼ毎回お風呂のシーンが入っていたことも印象に残っています。お風呂のシーンを多く入れていた理由というのは？**

**平牧**：お風呂に関してはキャラクター同士の心の交流を描く場として考えていました。普段はちょっと変態チックに描かれてしまいがちなみやこが、お風呂のなかでひなたと接しているときはお姉ちゃんらしいところを見せるなど、いつもと違う一面を出したいときなどに使っていました。サービスシーン目的ではないので、カメラアングルはできるだけ俯瞰にしないなどを意識していましたね。

**――OPとED映像についてこだわった部分があれば教えてください。**

**平牧**：僕はスタッフの名前を出すテロップを風景の一部に見せるOP映像が好みでしたので、『わたてん』で実際に作れてうれしかったです。よくパッケージの特典映像とかでOPのノンテロップがありますけど、本来テロップが乗っかっている部分が空白になるとそこだけ変に浮いちゃうみたいになるのが、あまり好きじゃなかったんですよね。テロップまで演出に入れると手間は増えてしまうのですが、スタッフの皆さんががんばってくださったおかげで良い映像になったと思います。

**椋木**：OPの映像は自分も好きで、素敵な演出だなと思って見ていました。EDもいろいろ演出が細かくて好きでしたし、花たちの着ていた赤いドレスがのちの「わたてん☆5」のライブ衣装のモチーフになっていたので、感慨深くなりました。

**平牧**：EDは一度見ただけでは何が起きているのか把握しきれないような映像にしたかったので、とにかくネタを詰め込み、いろいろなことが起こるように依頼しました。来野（貴文）さんというスタッフが絵コンテや演出、背景から撮影まで担当してくださったのですが、「とにかくかわいくしてほしい」とお願いしたらあのような映像になったんです。

**――アニメ本編のなかで、とくに印象に残っている話数はどこでしょうか？**

**椋木**：自分は第10話です。あのみやこと花のやり取りは放送後に「最終回っぽい」と評判になっていましたが、じつは連載が始まる前に、「早い段階で連載が終わる場合は最終回をこんなふうに締めよう」と考えていたシチュエーションだったんです。結果的に原作では作品の大きな山場になりましたけど、自分としては「これで『わたてん』を終わらせてもいい」と思って考えた場面だったので、アニメでいい感じにしていただけてうれしかったです。

**平牧**：第10話の花が「よろしくお願いします」というシーンはのちにLINEスタンプにもなった、かわいらしいシーンでした。LINEスタンプといえば、第8話でゆうが鉄砲みたいな手の形を作って「バーン！」ってやるところも、「これLINEスタンプになったらおもしろそうだな」と思って入れたんです。

**椋木**：たしかに、あれは強く印象に残っています。印象付けが強烈でしたね。

**平牧**：話数ごとに色々な場所へロケハンに行ったのも思い出深いです。舞台のモデルがどこかあるのか椋木先生にお聞きしたときに、閑静な住宅街をイメージされていると聞いたので、候補をいろいろ探し、坂のある画になる住宅地が良いなと思い、第1話から坂を見せることにしました。みやこたちが住んでいる街を設定したら、徒歩や自転車、電車で行ける場所のほうが、小学生の行動範囲として自然だろうと思って、住宅周辺のロケ地からあまり離れ過ぎないような場所をロケハンしました。第4話で夏祭りが行なわれた神社や、第8話でみやこ、ひなた、花、乃愛が買い物に行ったデパートの場所などがそうです。

**椋木**：舞台設定については、自分がふわっとしか決めていなかったので、平牧監督たちにお願いして具体的に決めてもらっていましたね。舞台の街のことはもちろん、星野家の形や間取りなんかも決めていなかったので、アニメで決めていただけて助かりました。

**平牧**：星野家と姫坂家の形はロケハンをしていたときに、周りとはちょっと違う変わった形の家を見つけたので、モデルにしたんですよ。もちろんそのままではなくアニメ用に変えています。間取りについては原作に描かれている部屋の描写を参考にしながら作りました。自分たちの作ったものが、いまでも椋木先生のお

役に立っているようであればうれしいですね。

**――最後に『わたてん』ファンの方々にメッセージをお願いします。**

**平牧**：椋木先生と一緒に作り上げていたアニメ『わたてん』。第1話から第12話までさまざまなネタを散りばめていますので、今見返しても新たな発見はたくさんあると思います。これからも何度も見返していただけたらうれしいですね。

**椋木**：この本が出るころは、新作アニメ『プレシャス・フレンズ』の公開前となります。TVアニメとのつながりがとても深い作品になりましたので、ぜひTVアニメを見返し、ついでに原作コミックスも読んでいただいてから、『プレシャス・フレンズ』を楽しんでいただけるとうれしいです。これからもアニメ、原作ともども『わたてん』を応援よろしくお願いします！

# ANIME STAFF INTERVIEW 2

## シリーズ構成 山田由香

**profile**

山田由香（やまだ・ゆか）東京都出身の脚本家。シリーズ構成としての代表作は、『東京ミュウミュウにゅ～♡』、『スローループ』、『小林さんちのメイドラゴン S』など多数。

### ミュージカルのシナリオは初めての挑戦の連続!?

**——まずは山田さんがシリーズ構成として参加することになった経緯を教えてください。**

山田：動画工房さんとはそれ以前に、私が脚本として参加した『NEW GAME!』というアニメでご一緒させていただいていました。『NEW GAME!』の制作が終わったあと、動画工房さんから「次も一緒にいかがでしょうか?」というお話をいただき、『わたてん』とご縁があった形です。

**——監督の平牧（大輔）さんとは本作で初めてご一緒されたと思いますが、印象はいかがでしたか?**

山田：平牧監督は『NEW GAME!』で私が脚本をしていた回で絵コンテや演出を担当されていたというご縁はあったんですけど、実際にお会いしたのは『わたてん』の現場で初めてだったので、最初は少し緊張しました。でもすごく話しやすい方だったので、打ち合わせを重ねるなかで緊張感がなくなり、スムーズにやり取りができるようになっていきました。また『わたてん』の現場は平牧監督だけでなく、プロデューサーをされていたKADOKAWAの山下（愼平）さんなど、他作品でお名前をお見かけしたけどお会いするのは初めてという方が多かったんですよ。個人的には初めましての方が多い、緊張感のある現場でした。

**——本作のシナリオを書くうえで、どんなことを意識していましたか?**

山田：『わたてん』のキャラクターはみんな尖った個性を持っています。それがとても魅力的なんですけど、その個性を強く描きすぎるとギャグに寄りすぎてしまい、『わたてん』のもうひとつの魅力であるほんわかとした雰囲気が失われてしまうと感じました。自分で書いてみるとギャグと温かみのバランスを取るのが本当に難しかったので、原作者の椋木なつ先生はすばらしいバランス感覚を持っている方だと感嘆しました。バランスを見極めるためにも、脚本を作るときはつねに平牧監督や椋木先生と相談しながら作っていました。

**——とくに難しかったのはどのキャラクターですか?**

山田：ひなたと松本です。ひなたはあふれんばかりの「みやこ愛」を強く描きすぎると、かわいさよりもちょっと危うい感じになってしまうので難しかったですね。松本はただでさえ言動が危なっかしいので、視聴者さんから引かれてしまう恐れがありました。視聴者の心が離れないギリギリの範囲で描くよう心がけていました。

**——シナリオ制作でとくに大変だったのは、どの話数でしたか?**

山田：やはり第1話と第12話です。第1話はマンガで描かれているものをどうやって映像に落とし込むか、どんなふうに書けばテンポよく進むのか、キャラクターの個性をどこまで強く出していいかなど、さまざまなことに悩みながら書きました。とくに花が初めて登場する場面は第1話の最重要ポイントでもあるので、どうすれば魅力的に感じられるかすごく考えました。映像も声優さんの演技もないところからのスタートですから、平牧監督たちとの相談はとくに密に行ないました。試行錯誤して第1話を完成させて、ようやく『わたてん』というアニメの脚本の書き方が見えてきた感じですね。

**——第12話はどんなところが大変だったのですか?**

山田：そもそもアニメ化の企画が始まった段階では原作が連載初期の段階だったので、アニメをどこでひと区切りとするか、スタッフ間で議論になりました。そこで椋木先生に今後どんなお話を考えているのかうかがったところ、文化祭というアイデアが出てきたので、それを最終回に持ってくるのがいいのではと話が決まったんです。ただその時点では椋木先生のプロットしか存在していなかったので、アニメで具体的にどんなエピソードにしようかと、みんなで話し合いました。そのアイデア出しがとにかく大変だったのですが、難航していたときに平牧監督から「文化祭でミュージカルをやりたい」という提案があったんです。その提案を聞いたときに「それはおもしろそうだ！」と感じたのは今でも覚えています。

**——第12話はAパートがミュージカル、Bパートがエピローグという構成でしたが、ミュージカルパートのシナリオ制作はどのように進行したのですか?**

山田：ミュージカル調で書くとなると、「この場面ではどんな音楽を流すのがいいか」という部分も意識する必要があるので、普段のシナリオ作りとは違う方法を取りました。第12話の脚本は私と平牧監督との共同名義になっていますけど、ミュージカル部分は平牧監督のアイデアによるところが大きいです。いろんなミュージカル映画を観て参考にしつつ、お互いに意見を出し合うなかで平牧監督が基礎部分を作ってくださった感じですね。

**——だいぶ特殊なやり方で制作されたシナリオだったのですね。**

山田：原作の執筆と並行して相談に乗ってくださった椋木先生には頭が上がりません。私ひとりでは絶対に作れないシナリオでしたし、普段と異なるやり方だったので、作っていてもとてもおもしろかったです。

**——乃愛の兼役の多さも含めて、かなり挑戦的な内容だったように思います。**

山田：乃愛に関しては、普段のひなたとの関係とはまた違った形の掛け合いを見てみたいという思いがありました。「視聴者のみなさんに受け入れていただけるだろうか」という不安はありましたが、同時に『わたてん』の世界観でこのミュージカルの演出をやれば楽しいものになる、という確信もありました。放送後の反響を見聞きして、やってよかったと思いました。お気づきの方もいらっしゃると思いますが、ミュージカルの内容は花とみやこの関係性を意識したものになっているので、観返す機会があるならそういったところにも注目していただきたいですね。

**——ほかにも、毎話数においしいお菓子が登場していたのが印象に残っています。こちらは毎回違うお菓子を出そうと意識していたのでしょうか?**

山田：お菓子は花とみやこを繋ぐ重要な要素なので、毎話必ず入れるようにしよう、という話は平牧監督としていました。どのお菓子を登場させるかについても、毎回違うほうがいいだろうということで、スタッフ全員でさまざまなアイデアを出しあって決めています。みやこは自分でお菓子を作る人なので、お菓子を出すときは作り方も調べて材料や簡単なレシピもシナリオに入れていました。

**——アニメではお風呂に入るシーンが毎回あったことも、放送当時に話題となっていました。こちらも「毎回お風呂シーンを入れる」という意識をしていたのですか?**

山田：お風呂のシーンを毎回入れるのは平牧監督からの希望でした。お風呂は裸の付き合いを通して心と心の会話ができる場所なので、そうした交流の場所として入れていきたいと監督は仰っていたと思います。私は言われるまであまり意識していなかったのですが、

# 『わたてん』の雰囲気を最大限生かせるキャラクター表現を心がけました

「たしかにお風呂はゆっくり話ができるいい場所だな」と思ったので、毎回入れることにしました。お風呂のシーンでは、お互いの気持ちを隠すことなく、心が暖かくなるような掛け合いを心掛けるようにしていました。

## 『わたてん』のやさしい世界を支えるキャラクター表現

**――ここからは各キャラクターのセリフなどを書くうえで意識した点を聞かせてください。まずはみやこからお願いします。**

山田：みやこは「引き籠もりがち」という特徴がひなたたちからおもしろおかしくいじられることが多いですけど、あんまり家から出たがらないというみやこの思考自体は何も悪いことではありません。結果として花と知り合ったことをきっかけにみやこは外に出る機会が増えましたけど、それがみやこの「成長」かと言われると私は違うと思います。もちろんみやこの世界が広がっていったことは事実でしょうけど、どちらかといえば「ありのままのみやこを周りが受け入れてくれた結果、外に出るようになった」という見え方にしたいなと思っていたので、自然とそのような流れに見えるようシナリオの構成を意識していました。

**――では、みやこが外に出るようになったきっかけである花については？**

山田：花はやさしい子なんですけど、序盤はみやこにけっこうきびしい言葉をかけることもあったので、あまりきつくなりすぎないようニュアンスに気をつけていました。ただ文字だけだときつく感じるセリフも収録時にはかわいらしいものになるので、それがわかってからはニュアンスを細かく気にすることはなくなりました。演者さんのお力はすごいとあらためて感じました。

**――たしかに、長江里加さんが演じているひなたもすごいパワーの演技だったと見ていて思います。**

山田：ひなたの「みゃー姉！」というセリフを聞くと、「ああ、これが『わたてん』だよなぁ」といまでも懐かしい気持ちになります。ひなたは裏表がなく、まっすぐ元気な子でみやこが大好き。何があっても慕い続けるところはすごく魅力的なんですけど、「明るく元気な子」、という部分だけを強調するとキャラクターとして単調になってしまうんです。みやこへの愛があふれて突拍子もない行動をしたり、第7話でみやこに距離を置かれて落ち込んだりしたのも、一本調子ではないひなたのかわいさを演出するための工夫でした。元気さとかわいらしさが両方ある気持ちのいいキャラクターとして書きたいと思っていました。

**――そんなひなたを慕う乃愛についてはいかがですか？**

山田：乃愛は自信満々だけど、同時にいじらしさもある二面性が魅力のキャラクターなので、その2つの異なる側面を出すことができるよう気をつけました。自分がかわいらしいことをわかっているけど、そこに嫌らしさみたいなものはなくて、一生懸命にかわいらしさを追求している。そんな一面があるかと思えば、ひなたと接しているときはあたふたしたり、好かれるためにがんばったりする一面も持っている。策士のように振るまうけど決していじわるな性格じゃないところが魅力的だと思います。いろいろな面を持っていて、周りを引っ張っていくバイタリティもあるので、書いていて楽しかったです。

**――小依と夏音のペアについても、魅力と思う部分を教えてください。**

山田：小依は失敗することが多くて、思わず「この子、大丈夫かな？」って気持ちになってしまいがちなんですけど、本人はすごく一生懸命だし、周りが優しくフォローしてくれる。だからこそ「失敗してばかりの面倒な子」ではなく、「おっちょこちょいだけど周りから愛されている子」という印象になると思うので、そういった小学生らしいかわいさは気をつけました。小依が学校のプリントをばらまいてしまったときも、みんな小依を責めずに応援してくれていたのは素敵だなと思いました。夏音との組み合わせもそうですけど、周りからの反応も合わさって魅力が引き出される子だと思います。そして夏音は懐が広く、どんなことをされても受け止める包容力が魅力的な女の子です。小学生とは思えないほどしっかり者で、ふんわりと包み込むような優しさがあるんですけど、それが一番発揮されるのってやっぱり小依と掛け合いをしているときなんですよね。

**――第5話で描かれた小依と夏音の幼少期のエピソードは、アニメオリジナルのものでした。あれはどんなふうにアイデアを出して生まれたエピソードなのでしょうか？**

山田：小依と夏音の出会いの回想、小依が夏音に風船を取ってあげる場面は、椋木先生からアイデアをいただき、第5話の脚本を書かれた志茂文彦さんにまとめていただきました。2人の幼いころからの絆を描くエピソードがほしかったので、本当にありがたかったですし、素敵だなと思いました。失敗しがちだけど何でも一生懸命な小依、そんな小依を支え続ける夏音は、2人そろって初めて発揮されるペアの魅力があると思います。小依と夏音が2人だけで会話をしているときは、お互いに信頼し合っている2人の空気感をしっかり出していくよう意識しました。

**――松本は先ほど描くのが難しいキャラクターのひとりとして挙げていましたが、具体的にはどんなことに気をつけていましたか？**

山田：松本って出すと必ずおもしろい展開になるんですけど、同時にほかのキャラクターの活躍場所を奪いかねないところもあるので、加減に注意しました。出番を多くできないけど、「どこで松本を出せば一番おいしいだろう？」というのはつねに考えていたと思います。味の濃い調味料みたいな、上手く登場させることで物語の魅力を引き立てることができる存在が松本なんです。みやこ好きという点が重なってひなたと意気投合するところもおもしろいですし、松本が突飛な行動を取るほどそれを受け入れるみやこのやさしさも引き立ちますし、書いていてとても楽しかったです。

**――この秋には新作アニメ『プレシャス・フレンズ』の劇場公開もひかえています。新作アニメはどんな部分が見どころになりそうですか？**

山田：まだ話せないことが多いですけど、ひとつの要素として、舞台は埼玉県の長瀞をモチーフにしています。観光名所として有名なので、ご存知の方もいるかもしれませんね。脚本の参考にするために取材にも行ったので、長瀞を知っている方は背景の描写などに注目してもおもしろいと思います。また、普段は外に出ないみやこが遠出をするということで、雰囲気もテレビアニメとは少し変わっているので、彼女がどんな様子を見せるのか、というところも注目ポイントのひとつかなと。もちろん5人の女の子たちのかわいさも健在なので、楽しみにお待ちいただければと思います。

**――最後に『わたてん』ファンの皆さんにメッセージをお願いします。**

山田：『わたてん』はキャラクターがどの子も個性的でかわいく、全体的にふわっとした柔らかさを感じて、椋木先生の温かな人柄を感じる素敵な作品です。個人的にもこういったほのぼのとした作品は大好きなので、アニメを通じて皆さんに作品の魅力を伝えることができていたらうれしいです。ぜひTVアニメを見返しながら新作アニメを楽しみにしてください。

# 音楽 伊賀拓郎

profile

伊賀拓郎（いが・たくろう） 福島県出身。作曲家、編曲家、ピアニスト。アニメ、ドラマ、ゲームなど幅広いジャンルに楽曲を提供している。アニメ劇伴の代表作は『SELECTION PROJECT』、『スロープ』など。

## 小学生らしさの表現を意識した劇伴制作

**——まずは『わたてん』を初めて知った際の印象を教えてください。**

伊賀：依頼をいただいた段階で、自分で原作コミックスを購入して読みました。資料も送っていただけることになっていたんですけど、原作がある作品は自分で購入して読むようにしているんです。読んだ印象はわかりやすく、楽しい。頭のなかにストレートに内容が入ってくる。百合姫コミックスさんのタイトルということで百合要素も魅力的ですが、作品全体のコメディ要素もとてもおもしろかったです。

**——本作の劇伴を作るにあたっての、全体的なコンセプトは？**

伊賀：コメディタッチの作品ということもありますが、小学生たちの日常が根底にありますから、複雑な音楽にはならないようにしようと考えていました。小学生に馴染みが深い楽器、たとえば鍵盤ハーモニカやリコーダーが特徴的な音として聞こえるよう意識していました。ほかにもおもちゃのような音色が欲しくて子ども向けの楽器をあえて使っています。アコーディオンひとつとっても高級なものではなくあえて安価なものを使うなどの工夫をしました。小学校に設置されているアコーディオンは安価なものの場合が多いですから。

**——とくに多く使った楽器は？**

伊賀：鉄琴の音は個人的に好きで、普段からよく使っていますが、高い音がかわいらしく聞こえるので『わたてん』でもよく使っていました。それとトイピアノですね。普段よく使う2種類のトイピアノ以外にも、シンセサイザーのトイピアノなど、さまざまな種類のトイピアノを使っています。ほかの楽曲ではあまり使わない楽器、というところだとおもちゃのタンバリンやドラムなども使われています。

**——実際に曲を作るときに意識していたことはなんですか？**

伊賀：できるだけわかりやすいメロディラインを作る、というのは意識していました。AメロとBメロが明確に分かれていて、Aメロで盛り上がってBメロでサビを、といった感じでハッキリくっきりとしたコントラストがある曲にしようと意識していましたね。その一方で使うコードはちょっと複雑なものを取り入れることで、わかりやすいけど聴き応えのある曲になるようにしていました。登場人物の年齢層に合わせて意図的にわちゃわちゃした音楽にしています。

**——サウンドコレクションではすべての曲にタイトルが付いていますが、こちらは伊賀さんがつけたのでしょうか？**

伊賀：これは『わたてん』に限らずほかの作品でもそうなのですが、基本的に納品時は「M10 優しく」、「M8 登場」など、オーダーの際に既に付けられている番号と仮の名称のままお送りするんです。その後、実際に放送された内容を何度も見返して、ここでこの曲が使われているな、というのを確認してから正式なタイトルをつけていきます。タイトルのつけ方は、その曲が使われているときの登場人物のセリフや行動などを参考にすることが多いですね。

**——タイトルづけで苦労するのはどんなところですか？**

伊賀：タイトル候補が複数浮かんだときは、そのなかから選ぶことになるのでかなり悩みますね。それと、これは『わたてん』ではなかったことですが、作品によってはタイトルを英語でつけてほしいというオーダーもあるんです。そういうときは知り合いのネイティブの方に翻訳を個人的に頼むんですけど、そこでさまざまなタイトル案を提示されて迷ったり、やり取りで時間がかかったりして苦労することも多いです。アニメ全12話をところどころ一時停止しながら何度も繰り返し観るので、まる1日を費やす作業です。大変ですが、自分が作った曲だからこだわりたいと思ってがんばっています。

**——制作中、平牧監督からはどのような指示があったのでしょうか？**

伊賀：平牧監督と高寺音響監督の間ではかなり綿密な打ち合わせがあったと思いますが、僕のほうには細かい指定はそれほど多くなかったですね。TVシリーズの際は、当時の音楽プロデューサーである西辺（誠）さんが、平牧監督の全体的なイメージと高寺音響監督の具体的な各曲のイメージを取りまとめて自分に伝えてくれました。作ったものがイメージと違う、ということはほぼなかったので、僕のほうでもある程度はおふたりの意図を汲み取ることができていたのかなと思っています。

**——高寺音響監督とは具体的にどのようなやり取りをしましたか？**

伊賀：基本的にはざっくりとした楽曲イメージを教えていただいたあと、それに沿って作っていく形で、あまり細かく指示や修正などはありませんでした。おもしろいオーダーをいただいたのは「みやこエキサイト」。徐々に変態性が増していくような楽曲にしてください、とのことだったので、後半にいくほど追い立てるようなリズムになるよう作りました。リズムは変えていますが実際のテンポは変わっていないので、複雑な音にはなっていないのですが、これもわかりやすい楽曲を作りたいという考えが反映されていますね。

**——平牧監督の仕事ぶりに関する印象も教えてください。**

伊賀：『わたてん』のあとにも何度かお仕事をご一緒させていただきましたが、とてもこだわりが強い方だと思います。作品のクオリティを高めることに対する熱意が伝わってきます。平牧監督との共同作業が初めての場合、まず監督がどのような方向性を求めていくかじっくりすり合わせるところから始まると思うのですが、僕の場合は信頼していただけているのか、かなり自由に作ることができています。「伊賀さんなら作品に合う曲を作ってくれるだろう」という期待を感じますね。ほかの方とご一緒するときもそうですが、期待をしていただけると、その期待をつねに超えた作品を作らなければいけないな、というプレッシャーと、ワクワクも同時に感じます。そのほかの印象で言えば、かわいい女の子たちの心の機微、ちょっとした揺れ動きなど細やかな心情を描くのがとても上手いというイメージがあります。

## 楽しんで作ることで魅力的な劇伴が生まれる

**——とくに印象に残っている劇伴はどれですか？**

伊賀：初めて花と出会うシーンの曲「私に天使が舞い降りた」は、最初に作った曲なので思い出深いですね。第1話でかかる重要な曲ということを念頭に制作しました。作中でよく流れていた、という意味で印象に残っているのは「右往左往」。高寺音響監督も気に入ってくださったのか、よく使用してくださっていたと思います。

**——お気に入りの楽曲についても教えてください。**

伊賀：先ほど挙げた「右往左往」や「みやこエキサイト」、それと「ドタバタパニック」などのバタバタした曲はけっこう好きですね。これらのドタバタ系の楽曲は、楽器選びが難しかった印象があります。ドタバタ感を出しやすい楽器はあるんですけど、その楽器を使いすぎると曲調

# 聴きごたえのある音をわかりやすく お届けするために工夫を凝らしました

が似通ってしまうので、それは避けたかった。みやこの不審者感を出すにはどういう楽器を使おうか、ひなたの元気な感じを演出するのに合う楽器はどれだろう、みたいな形で、キャラクターの特徴から音を選んでいきました。アイキャッチ用の曲である「Eye Catch」も作っていて楽しかったです。オープニング曲の「気ままな天使たち」の音源を共有していただいたときに、このメロディを使ってアイキャッチのメロディを作りましょう、ということになったのですが、A～Fまでパターンを作って試行錯誤して、最終的にできたのがサントラにも収録されている「Eye Catch」です。

**――伊賀さんはOPやED主題歌にも編曲として関わっていますが、どのような作業をされていたのですか?**

伊賀：たしかに僕も編曲として参加していましたが、WEST GROUNDさんがメインの作業を担当されていたので僕はちょっとしたお手伝いとピアノ演奏程度です。なのでキャラクターソングのお話をさせていただきますが、僕が深く関わらせていただいたのはひなたの「みゃー姉!!」で、これは作編曲と歌詞も書かせていただきました。歌詞としては、ひなたの楽しい日常とみゃー姉が大好き、という2点を軸にしつつ、楽曲はひなたらしい猪突猛進かつ、周りを巻き込んで振り回す元気のよさを意識しました。楽曲自体の勢いは殺さないよう注意しながら、次々変わるコードや楽曲の急展開、メロディの追い立て方でそのあたりを表現しようと、好きなように書かせていただきました。

**――なるほど。キャラクターソングに深く関わったとなると、ひなたへの思い入れも強いのでしょうか?**

伊賀：そうですね。ひなたはとくに好きです。天真爛漫なひなたの元気のよさを、演じている長江里加さんが上手く引き出していらっしゃるように感じます。でもひなたに限らず、この作品は魅力的なキャラクターばかりですよね。だんだんみやこを慕うようになっていく花も、大人びた感じの乃愛も、優しさのかたまりみたいな夏音も、ちょっと暴走しがちな小依も、それぞれかわいいところがあって好きです。

**――みやこと松本についての印象も、ぜひ教えてください。**

伊賀：みやこは視聴者と同じ目線の部分があるキャラクターという印象があります。みやこを通して僕たちも小学生の子たちを見守っている気分になれる。最初は引きこもりの側面が強調されるみやこですが、主人公だけあって、劇中のエピソードを通して少しずつ変化していくのもよかったです。「同級生のお姉さん」から「お姉さんだけど友だち」といったふうに子どもたちとの関係性が変わっていくなかで、みやこ自身も成長していったんでしょうね。第5話で小依と夏音に見栄を張ろうとするけど隠し通せず、自分から話すというエピソードがありましたよね。正直に話したことでより深い関係性になる、という流れがとてもよかったです。松本はいちばんブレないキャラクターですよね。劇中におけるいいアクセントになっていると思います。松本とひなたたちが初めて遭遇する第6話のエピソードは今でも印象に残っています。「みゃー姉に友だちはいないぞ」っていうセリフがおもしろかったです。あの遭遇時の場面を盛り上げるためだけに作った曲もありました。

**――第12話はAパートがミュージカルということで、楽曲制作も通常の方法とは違ったと思います。具体的にどのようなやり方で、進められていたのですか?**

伊賀：第12話でミュージカルをやる、というお話自体はかなり早い段階からいただいていたので、スケジュール的にも焦りなどはなく楽しんで作ることができました。第1話から第11話までのなかで作ってきた曲とはまったく雰囲気が違うので、その違いを楽しみながら作っていた感じです。目の前の映像に対してリアルタイムで曲をつけていくフィルムスコアリングの手法で、かつ、ミュージカル楽曲ということなので、制作前の段階から最終話の楽器の使用率や映像と合わせての楽曲の尺の調整が大変になるぞと感じて、気合を入れ直した思い出があります。

**――実際にミュージカルパートの制作に入っていかがでしたか?**

実際、制作の労力をカロリーでたとえると第1話から第11話までと第12話の重さが同じくらい。それまでのおもちゃっぽい音色ではなく、本格的なオーケストラ仕様で制作し、楽器の編成もかなり大きなものになりました。

**――ミュージカルパートでは平牧監督とどのような話し合いをされたのでしょうか。**

伊賀:平牧監督とのやり取りに関しては、音楽プロデューサーの西辺誠さんに間に入っていただく形でやり取りをしました。この物語につけるならどんな楽曲がいいだろうか、異世界のお話だからファンタジー的な雰囲気にすべきだろうかなど、西辺さんを通して監督と打ち合わせを重ねていきましたね。平牧監督がつけてくださった仮歌詞を参考にしつつ歌の秒数を計算したあと、自由に歌詞をつけさせていただいたので、伸び伸びと作業できました。監督とシリーズ構成の山田由香さんによる脚本もおもしろくて、作業中ずっと楽しかったです。

**――ミュージカルパートを制作する際に意識した点は?**

伊賀：ミュージカルで使う曲に関しては、既存の劇伴とリンクしたものにしようという話でまとまっていました。だからすべての曲が11話までに使われたいずれかの劇伴を意識したものになっているんですよ。ほかには合唱曲みたいに3パート、4パート用意するというのも、意図的にやらなかったことですね。労力が大変なわりに効果が薄いのもありましたが、あくまでミュージカルをしているのは小学5年生の子たちなので、豪華にしすぎるのは違うだろうという考えもありました。その代わり、ほかの劇伴曲では使わなかったちょっと特殊なコード進行を使ったりしているので、本作の中でもまた違った魅力がある楽曲たちに仕上がっていると思います。

**――キャスト陣の声に合わせた調整などもあったのですか?**

伊賀：それまでの演技やオープニング曲、エンディング曲などの歌い方を確認して、キーチェックや音域の調整などをかなり細かく行ないました。声優さんごとに声の高低が違いますから、ここは声を出すのがキツイと思うのでメロディを変えましょう、などの話し合いは何度もしました。実際の歌の収録には立ち会っていませんが、完成したものを聴いて、キャスト陣の皆さんにものすごくがんばっていただけたことが伝わってきました

**――伊賀さんは「わたてん☆5」による1stライブにも参加されていましたが、こちらはいかがでしたか?**

伊賀：コロナ禍の影響もあって配信によるライブということになりましたが、その準備で制作スタッフの皆さんが奔走されていた印象が強いですね。配信用の演出などもかなり細かく考えられていました。とくに音楽へのこだわりは強く感じましたね。KADOKAWAさん、原作チーム、平牧監督を含めたアニメ制作スタッフ陣、みなさんが曲のみならず歌詞まで含めてこだわったものが、存分に発揮されたライブだったと思います。バックバンドの一員として参加できたのもとてもうれしく、お客さん以上にステージで楽しんでしまったかもしれません。

**――最後に『わたてん』ファンの皆さんにメッセージをお願いします。**

伊賀：新作アニメ『プレシャス・フレンズ』では、新しい劇伴がたくさん出ています。実際に採用された曲数が全21曲なので、かなり聴きごたえがあると思います。OPとED曲のみならず、各場面で流れるさまざまな劇伴や劇中歌にも注目していただきたいですね。TVシリーズの曲のニューアレンジバージョンや、キャラクターソングのメロディを利用して作った曲、TVシリーズの曲とリンクするように作った曲に加えて、メドレー調で制作したものもあります。いろんな工夫を凝らしてあるので、ぜひTVアニメの楽曲と聴き比べてもらえたらうれしいです。

キャラクターデザイン&総作画監督

# 中川洋末

profile

中川洋末（なかがわ・ひろみ） 兵庫県出身。フリーのアニメーター。ほかの参加作は『白聖女と黒牧師』（キャラクターデザイン）、『先輩がうざい後輩の話』（総作画監督）など。

## 日常系アニメを研究しつつ独自の路線を歩む

**——まずは中川さんの、作品への第一印象を教えてください。**

中川：依頼をいただいたときは『コミック百合姫』の連載作品だと聞いていたので、もっと百合を全面に出した作品を想像していたんです。いざ読んでみたら小さい女の子たちがわちゃわちゃしているすごくほのぼのとした作品で、すごく私好みだったので、「小さくてかわいい子たちをいっぱい描けるんだ！」とうれしくなりました。まだ原作がコミックス1巻しか出ていない時期だったので、これだけ早くアニメ化するということは、かなり期待されている作品なのだろうと思ったので、緊張感はありました。

**——中川さんは本作が初のキャラクターデザインでした。デザインをするにあたり、まずどんなことを考えていたのですか？**

中川：いわゆる「日常系アニメ」というジャンルは昔からありますが、そのなかでも時代ごとに流行りの傾向はあるので、まずは直近3年くらいの日常系アニメを片っ端から見て、キャラクターデザインを研究しました。統計を取ってみたら、当時はリアル系のデザインが多かったんですけど、流行に乗っかろうと思ってその方向性でやったら逆に多くの作品のなかに埋もれてしまうのではないかと思ったんです。だからリアル系とはまるっきり真逆の、シンプルなデザインにしようということで平牧監督と相談していました。もちろん視聴者の皆さんから「キャラクターがかわいい」と思ってもらえることも大切なので、シンプルにしつつもしっかりかわいい絵にしていこうと心掛けていました。

**——本作のキャラクターデザインは、原作のテイストを残しつつ「丸み」をもった特徴的なものという印象があります。全体のデザインのコンセプトはどのように決めたのですか？**

中川：ご依頼をいただいた動画工房の鎌田（肇・制作プロデューサー）さんからは、「原作のテイストを再現するのはもちろん大切ですが、そのうえで中川さん独自のアレンジを加えたデザインにしてほしい」という要望がありました。最初に叩き台を作成する際に2パターン用意し、ひとつは椋木先生の絵に8割寄せたちょっとシャープめのデザインと、自分の絵のテイストを若干混ぜてシンプルめにしたデザインを平牧監督に確認していただいたんですけど、「普通すぎて中川さんの持ち味が出ていない、中川さんが描くんだからもっと中川さんの絵を入れても良いよ。」と意見をいただいたので、自分の好みのデザインを全面に出して丸みのあるものになったんです。あとは全体の温かみのある雰囲気を出すための手法として、デザインの段階であまり線を多用せず、シルエットを重視しようという考えがありました。

**——線を少なめにしたい、と思ったのはどうしてですか？**

中川：私が昔好きだったアニメが線の密度を少なくすることで柔らかい感じを出していたので、平牧監督に「こういう感じにしたいんですけど」と参考のアニメをいくつか見ていただきました。そこで平牧監督も全体的な絵のテイストについて気に入って下さったので、自信を持ってデザインに臨むことができたんです。あとは出来るだけ作画負担を減らして、線の多さで動きが硬くなって欲しくなかったので、動かしやすいデザインにしたかったんです。椋木先生もいまのアニメのデザインを見せたときに喜んでくださったので、うれしかったですね。

**——デザインの特徴として、ほっぺの丸みがとくに印象として強いのですが、そこは意識していたのですか？**

中川：丸みを帯びたキャラクターデザインというのは私の手癖なんですけど、椋木先生の描く原作絵のテイストを私なりに再現しようとしたら、気付いたらだんだんお餅みたいになっちゃったんですよ。放送が始まって以降ファンの皆さんが「もちほっぺがかわいい」とよく言って頂ける声を見かけたので、餅っぽさが自然と増していきました（笑）。あとほっぺ以外にも、デザインのなかでできる限り尖った部分を出さないようにすることは意識していました。たとえば服のシワの線はできるだけ省きつつ丸く、髪の毛の先端はくるっと巻く感じで丸みを出すなどですね。あとは線を減らしても、色遣いをしっかりすればペタッと薄く見えることはないので、色彩設計の石黒けいさんのセンスのおかげで相乗効果がありました。

**——中川さんは総作画監督も務められていましたが、アニメーターの皆さんには作画のどんな点を主に気をつけてもらっていたのですか？**

中川：顔をかわいくするのは大前提として、それ以外だと最初は線の省きかたの指示を重点的にしていたと思います。キービジュアルなど版権イラストの場合は線を足すこともあるんですけど、アニメの場合は線を省いたほうが動かすのが楽になりますので、実線を省きながら境目がわかりやすいように陰影をつけるやり方を意識して見ていました。率直に言うと、アニメーターさんの目線だと実線をよくある部分につい描きたくなってしまうので、自分のデザインがどの程度現場で再現されるか不安もあったんです。でも各話の作画監督の方々ががんばってくださったおかげで、私が思っていたよりもルールが徹底されていたんです。現場の皆さんのがんばりに助けられた作品だったと思います。

**——TVアニメのキービジュアルは、メインキャラクターの6人が空から落ちてくる不思議な構図でした。あれはどういった形で構図を考え、描かれたのですか？**

中川：キービジュアルはキャラクターの舞台の実景で、背景にはキャラクターは乗せなくても良い、構図は自由と平牧監督から言われていたので、自分なりにキャラクターの関係性が分かるよう描かせて頂きつつ絵のノリを大事にしました。個人的な拘りが、よくあるキービジュアルに描かれているキャラクターって、後ろ髪が強風でなびいているような感じでも前髪だけはまっすぐ固まっていることが多いんですよ。キービジュアルはお客さんが初めて作品を知る際に見ることが多いから、もともとのキャラクターの雰囲気を崩さないようにしているのだろう、という意図は分かっていたんですけど、そこもあえて崩してみたいなと思いました。どうせなら前髪が思いっきりなびくような勢いのあるシチュエーションにしたいと思い、作品タイトルの「舞い降りた」からインスピレーションを受けてあの構図になったんです。

**——平牧監督からは、キービジュアルに対してどんな意見がありましたか？**

中川：とくに反対はされませんでしたけど、ひとつだけ「みやこの左目は隠れていたほうがいいんじゃないか」という意見がありました。片目が隠れているというデザインはみやこのアイデンティティみたいなものなので、それだけは最初に見せたほうがいいのではないかと。でも私は空から舞い降りるという構図だとどうしても勢いがつくから目が隠れるほうが不自然ですし、センターでカメラと目線を合わせているみやこが片目しか見えないと印象が薄れてしまうと思ったので、「ちらっとでもいいから目を見せたい」と主張したんです。最終的に平牧監督にも納得をしてもらい、いまのキービジュアルの形になりました。

**——中川さんのこだわりが詰まったキービジュアルな**

# 椋木先生のテイストを入れつつ私自身の持ち味を入れ込んだデザインを描かせていただきました

**のですね。**

中川：もちろんシチュエーションよりもともとのキャラクター表現を優先すべき場合もありますけど、本編のみやこは印象的なシーンでたまに左目を見せることがあったので、キービジュアルでも左目が見えていて大丈夫だろうと思ったんです。他にも線画など自分なりにこだわった部分は多いんですけど、後ろにいる小依と夏音がほっぺをくっつけ合っているのがかわいくてお気に入りです。

## 大変な仕事ほどやりがいを感じる!?

**——ここからはキャラクターごとにスポットを当てて、デザインのポイントをお聞きできればと思います。まず主人公のみやこは、どんなことを意識してデザインされましたか?**

中川：平牧監督からは「みやこは引き籠もりだから、だらしない感じにしてほしい」というオーダーがありました。たとえばみやこはあまり外に出ない女の子なので、あんまりスラッとしていたら不自然だろうと思い、少しぽっちゃり気味の体型です。普段家のなかで着ているジャージも、おそらく高校時代に着ていたものをずっと使っているようなイメージなので、ちょっとくたびれているような感じを出しています。体型や服装を見るだけで、「だらしない子なんだろうな」と伝わるようなデザインを目指しました。

**——花など小学生の子たちのデザインは、どんな流れで行ないましたか?**

中川：まず花は「『わたてん』のなかで一番の美少女に見えるようにしてほしい」というオーダーが、平牧監督からありました。どんな子が「美少女」なのかという尺度はそれぞれにあると思いますが、私が目指したのはアイドルのようにシュッとした体型にすることです。そこでほかの小学生の子たちと差別化しようと意識をしていました。逆にひなたはとても元気な子なので、活発なイメージに見えるようあまり細くなりすぎないようにしました。とくにふくらはぎとか、見えやすい部分はすごく意識をしていたと思います。乃愛は花とひなたの中間くらいの体型にしています。ただ花に負けないくらいかわいく見えてほしいという意識はあったので、毛先をくるくるさせるとか細かい工夫でかわいらしさと柔らかさを表現していました。

**——小依はキラキラした目の処理がほかの子と比べて独特な印象を受けます。**

中川：じつはキャラクターデザインの作業を始めた時点で、小依と夏音はまだ原作のカラーイラストが存在していなかったので、原作にある小依の通常顔とデフォルメ顔を見て合わせたイメージでアニメ側独自のものを作っていったんです。小依はドジだけどかわいげのある感じに見せたかったので、少しキラキラした独特な目の処理にしたんです。ツリ目だから怖く見えてしまわないかという不安はあったんですけど、色の表現で柔らかさを出せていたのでよかったと思っています。夏音はそんな小依を包み込むような母性のある女の子というオーダーがあったので、とにかく甘えたくなるような優しい雰囲気が出るよう意識していました。くりんと上がっている左右のもみあげのバランス感がとくに難しかったのですが、平牧監督からは「夏音のデザインが一番よかった」と褒めていただけたので、個人的には印象深いキャラクターです。

**——花は原作ではソックスですが、アニメのデザインではタイツに変更されています。これにはどんな理由が?**

中川：これは平牧監督からの要望でした。何となく花にはタイツのほうが似合いそうというイメージもありましたけど、「花を差別化して見せたい」という演出的な意図もあります。

**——松本のデザインについても、こだわりポイントを教えてください。**

中川：松本のこだわりポイントは、後ろ髪の微妙に短い部分です。松本の髪型は高校時代のみやこのものを真似しているので、そこはアニメでもしっかり再現してほしいと椋木先生からオーダーがありました。正面からだとわかりづらいかもしれませんが、ストレートになっているわけではなくいくつかのブロックに分けています。あと松本はみやこと違い私生活はしっかりしているので、体型はみやこと真逆のモデル体型にしています。中身はやばい人ですけど、ぱっと見の印象だけならいいお姉さんに見えるよう意識していました。

**——コスプレや私服など、アニメに登場する衣装のバリエーションはかなり多かったです。衣装デザインはどのように行なっていたのですか?**

中川：じつは各話に登場する衣装のデザインは、3人の方に手伝ってもらっていました。『ゆるゆり』のキャラクターデザインをされていた中島千明さん、『プリティーリズム・レインボーライブ』などで活躍されていた松浦麻衣さん、『先輩がうざい後輩の話』でも総作画監督としてご一緒した吉川真帆さんです。各話の私服などは基本的にこの3名の方にお願いして、私は監修をしていました。皆さんの仕事が素晴らしかったのであまり直すことはなかったのですが、同系色だけで固まらないようにするとか、色決めについては平牧監督と一緒に相談しつつ自分なりのこだわりを入れさせてもらいました。

**——第12話のAパートはミュージカルでしたが、通常の話数の作業と違う苦労はありましたか?**

中川：平牧監督から「最終回はミュージカルにする」と聞いたときは大変そうだと思いましたけど、「おもしろそう」というワクワク感もありました。平牧監督から参考として海外のミュージカル映画を見せていただいたので、舞台衣装のデザインは私が自分でやっています。実際の作画作業は通常の話数とそこまで変わらないのですが、舞台のライティングや天使の輪などいろいろな光の加減を表現しなければならなかったので、撮影スタッフの方が大変だったと思います。

**——『わたてん』はアニメ関連グッズが多く展開していたのも特徴でした。中川さんも多くのイラストの原画、監修を行なっていたと思いますが、イラスト制作の際に心掛けていたことは?**

中川：グッズのイラストは、基本的にクライアント様から「こういうイメージのイラストがほしい」という指示がありつつも、具体的な構図や衣装などはこちらに委ねられていることが多いんです。そういったなかで私がご依頼をいただいたときは、ファンの皆さんが「そろえたい」と思えるようなイラストにすることを意識しています。たとえばキャラクターとスイーツというシチュエーションだったら、晴れ着の服装のデザインに統一感を持たせつつ、キャラクターのイメージに合わせたスイーツのデザインを組み合わせて、どのキャラも絵負けしないような可愛さで描くことを目指しています。1キャラだけでなく複数キャラのイラストをそろえて並べたいと思ってくださるといいなと思いながら描いていました。

**——中川さんのお気に入り話数と、版権のイラストを教えてください。**

中川：お気に入りは第7話、みやこに変装した乃愛がひなたをあやしているところです。あのときは普段乃愛がしないような表情をたくさん描けたので、楽しかったですね。とくに初めてひなたが懐いてくれたときに「これ、いい！」と喜んでいるときの乃愛の表情が印象に残っています。イラストだと最近のものなんですけど、『プレシャス・フレンズ』の前売り券に使用された『不思議の国のアリス』モチーフの花、ひなた、乃愛です。かなり密度の高い衣装だったので描くのが大変だったんですけど、そのぶんいい出来になったと自分でも思っています。

**——最後に『わたてん』ファンの皆さんにメッセージをお願いします。**

中川：このインタビューを受けているいまは『プレシャス・フレンズ』の公開が近づいているタイミングですが、私としてはこのあとさらにアニメの展開があることを私自身待ち望んでいます。『プレシャス・フレンズ』をきっかけに、またTVアニメを見返してもらえるなど盛り上がってくれたらうれしいので、これからも『わたてん』を応援よろしくお願いいたします。

# 中川洋未 キャラクターデザインのたたき台

▲白咲花

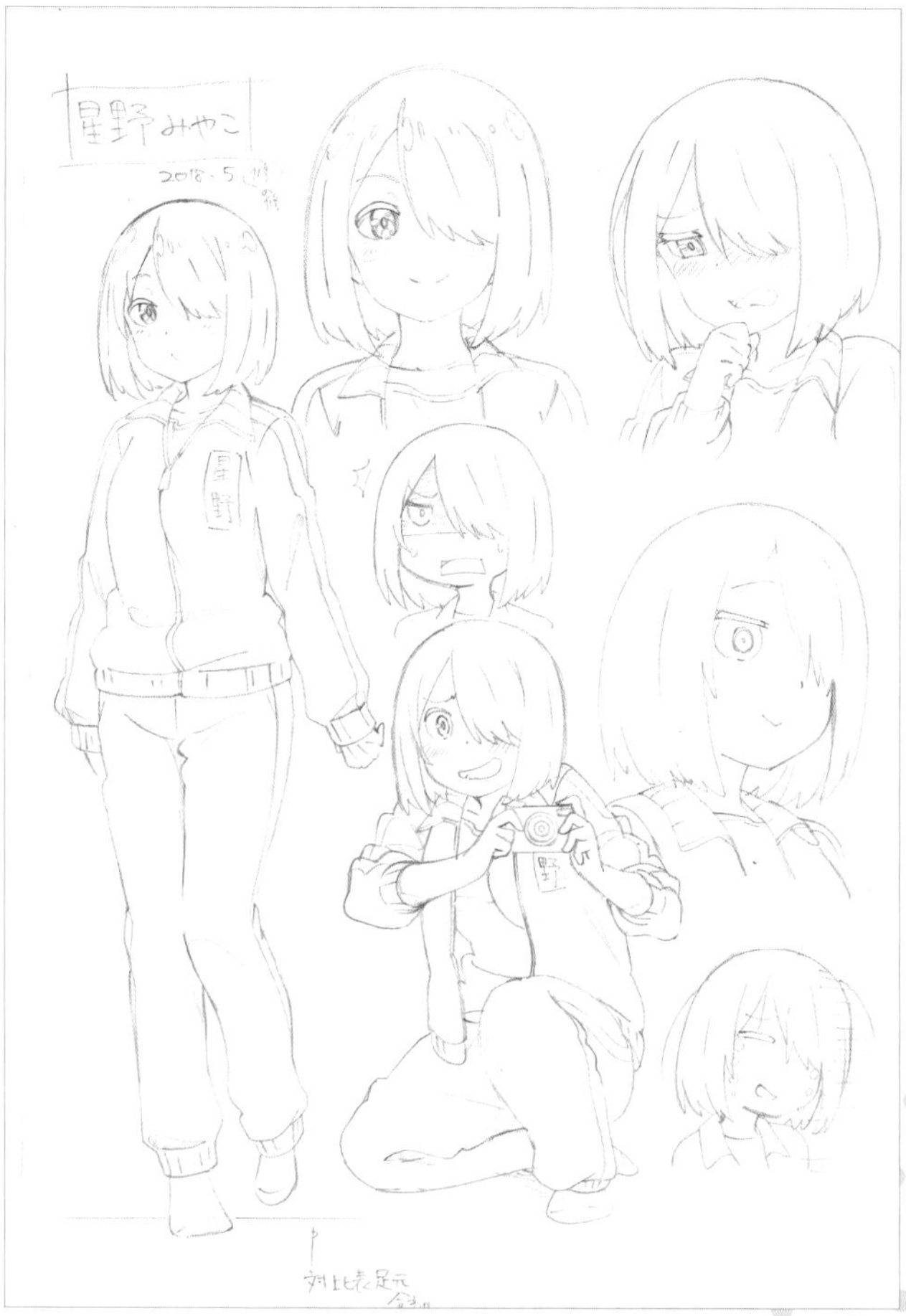

▲星野みやこ

▲姫坂乃愛

▲星野ひなた

Chapter4

# GALLERY

# 天使たちのILLUSTRATION GALLERY

キービジュアルやジャケットイラスト、雑誌版権からグッズ用の描きおろしまで、
これまでのアニメ『わたてん』イラストを紹介!

TV アニメ　ティザービジュアル　原画：中川洋未／背景：オリーブ／特効：杉浦誠一／仕上げ・撮影：工藤康史

TV アニメ　キービジュアル　原画：中川洋未／仕上げ：石黒けい／背景：オリーブ／撮影：工藤康史

フライングドッグ
TV アニメ『私に天使が舞い降りた!』
気ままな天使たち／ハッピー・ハッピー・フレンズ
原画：中川洋未／仕上げ：呉 政宏／
背景：オリーブ／撮影：工藤康史

フライングドッグ
TV アニメ『私に天使が舞い降りた!』
キャラクターソングアルバム〜天使のうたごえ〜
原画：中川洋未／仕上げ：呉 政宏、真壁源太／
背景：オリーブ／撮影：工藤康史

フライングドッグ
TV アニメ『私に天使が舞い降りた!』
サウンドコレクション
原画：中川洋未／仕上げ：石黒けい／
背景：オリーブ／撮影：杉浦誠一

フライングドッグ
わたてん☆ 5『デリシャス・スマイル!』
原画：中川洋未／仕上げ：石黒けい／
背景：安田ゆかり（オリーブ）／撮影：工藤康史

TV アニメ
『私に天使が舞い降りた!』
Blu-ray & DVD　Vol.1
原画：中川洋未／仕上げ：石黒けい／
撮影：工藤康史

TV アニメ『私に天使が舞い降りた!』
Blu-ray & DVD　Vol.2
原画：中川洋未／仕上げ：石黒けい／
撮影：工藤康史

TV アニメ
『私に天使が舞い降りた!』
Blu-ray & DVD　Vol.3
原画：中川洋未／
仕上げ：石黒けい／
撮影：工藤康史

TV アニメ『私に天使が舞い降りた!』Blu-ray & DVD　早期予約特典
原画：金 璐浩／監修：中川洋未／仕上げ：長沼 青／撮影：工藤康史

TV アニメ『私に天使が舞い降りた!』
Blu-ray & DVD　店舗購入特典　アニメイト
原画：松浦麻衣／監修：中川洋未／仕上げ：呉 政宏／撮影：廖 程芝

TV アニメ『私に天使が舞い降りた!』
Blu-ray & DVD　店舗購入特典　Amazon.co.jp
原画：武藤 幹／監修：中川洋未／仕上げ：呉 政宏／撮影・背景：桒野貴文

TV アニメ『私に天使が舞い降りた!』 Blu-ray & DVD 店舗購入特典 ソフマップ
原画：山本ゆうすけ／監修：中川洋未／仕上げ：松浦友里枝（ライジングフォース）／
背景：オリーブ／特効：杉浦誠一／撮影：呉 健弘

TV アニメ『私に天使が舞い降りた!』 Blu-ray & DVD 店舗購入特典 ゲーマーズ
原画：中野裕紀／監修：中川洋未／仕上げ：石黒けい／撮影：廖 程芝

TV アニメ『私に天使が舞い降りた!』
Blu-ray & DVD 店舗購入特典 ジーストア／ WonderGOO ／新星堂
原画：山野雅明／監修：中川洋未／仕上げ：竹内優太／撮影：廖 程芝

TV アニメ『私に天使が舞い降りた!』
Blu-ray & DVD 店舗購入特典 とらのあな
原画：矢野桃子／監修：中川洋未／仕上げ：呉 政宏／撮影：廖 程芝

バレンタインデー限定イラスト
原画：中島大智／監修：中川洋未／
仕上げ：竹内優太／撮影：福岡由惟

献血キャンペーン描きおろし
原画：菅原美智代／
監修：中川洋未／仕上げ：藤井 瞳
／背景・撮影：桒野貴文

Newtype2019 年 2 月号掲載　原画：山野雅明／監修：中川洋未／仕上げ：呉 政宏／撮影：工藤康史

Newtype2019 年 4 月号掲載　原画：海保仁美／監修：中川洋未／仕上げ：藤井 瞳／背景：オリーブ／撮影：工藤康史

メガミマガジン 2019 年 4 月号掲載
原画：菊池政芳／監修：中川洋未／仕上げ：藤井 瞳／背景：オリーブ／撮影：廖 程芝

メガミマガジン 2019 年 2 月号掲載
原画：松浦麻衣／監修：中川洋未／仕上げ：石黒けい／撮影：工藤康史

メガミマガジン 2019 年 3 月号掲載　原画：菅原美智代／監修：中川洋未／仕上げ：藤井 瞳／背景・撮影：粜野貴文

メガミマガジン 2019 年 4 月号掲載　原画：渥美智也／監修：中川洋未／仕上げ：伊藤裕香／背景：栞野貴文／撮影：工藤康史

『私に天使が舞い降りた!』スペシャルイベント～ハッピー・ハッピー・フレンズ～　イベントキービジュアル　原画：中川洋未／仕上げ：石黒けい／背景：栗野貴文／撮影：工藤康史

エンスカイ 『私に天使が舞い降りた!』2020 年カレンダー表紙 原画：中川洋未／仕上げ：伊藤裕香／撮影：工藤康史

エンスカイ 『私に天使が舞い降りた!』
2020 年カレンダー 1 月、2 月イラスト
原画：菊永千里／監修：中川洋未／
仕上げ：山本智佳／背景：安田ゆかり（オリーブ）／
撮影：工藤康史

エンスカイ 『私に天使が舞い降りた!』 2020 年カレンダー 5 月、6 月イラスト
原画：中島大智／監修：中川洋未／仕上げ：呉 政宏／背景：安田ゆかり（オリーブ）／撮影：工藤康史

エンスカイ 『私に天使が舞い降りた!』 2020 年カレンダー 3 月、4 月イラスト
原画：菊池政芳／監修：中川洋未／仕上げ：真壁源太／背景：安田ゆかり（オリーブ）／撮影：工藤康史

エンスカイ　『私に天使が舞い降りた!』
2020 年カレンダー 7 月、8 月イラスト
原画：尾辻浩晃／監修：中川洋未／
仕上げ：呉 政宏／背景：安田ゆかり（オリーブ）／
撮影：工藤康史

エンスカイ　『私に天使が舞い降りた!』2020 年カレンダー 11 月、12 月イラスト
原画：松浦麻衣／監修：中川洋未／仕上げ：伊藤裕香／撮影：工藤康史

エンスカイ　『私に天使が舞い降りた!』2020 年カレンダー 9 月、10 月イラスト
原画：尾辻浩晃／監修：中川洋未／仕上げ：伊藤裕香／背景：安田ゆかり（オリーブ）／撮影：工藤康史

KADOKAWA　コミケに天使が舞い降りた!セット　描きおろし B2 タペストリー　原画：中野裕紀／監修：中川洋未／仕上げ：石黒けい／撮影：工藤康史

かびばら　クリアファイル　原画：山崎 淳／監修：中川洋未／仕上げ：石黒けい／撮影：廖 程芝

アズメーカー　B1 タペストリー（花、ひなた、乃愛）
原画：矢野桃子／監修：中川洋未／仕上げ：石黒けい／背景：オリーブ／撮影：工藤康史

かぴばら　クリアファイル　原画：小田景門／監修：中川洋未／仕上げ：石黒けい／背景：小田景門／撮影：工藤康史

DMM.com　DMM スクラッチ 描きおろしイラスト　原画：中川洋未／仕上げ：呉 政宏、竹内優太／撮影：工藤康史

グルーヴガレージ　2019 年秋葉原ホビー天国『アキバに天使が舞い降りた!』イベント用描き下ろし　原画：海保仁美／監修：中川洋未／仕上げ：竹内優太／背景：安田ゆかり（オリーブ）／撮影：工藤康史

メディコス・エンタテインメント
「私に天使が舞い降りた!」POP UP SHOP
描きおろしイラスト（みやこ、花）
原画：中川洋未／仕上げ：石黒けい／
撮影：工藤康史

Key-th 「カーテン魂」描きおろしカーテン（白咲 花&星野ひなた&姫坂乃愛）
原画：中川洋未／仕上げ：伊藤裕香／背景：安田ゆかり（オリーブ）／撮影：工藤康史

ホビーストック　星野ひなた&姫坂乃愛 抱き枕カバー
原画：中川洋未／仕上げ：呉 政宏、真壁源太／撮影：工藤康史

ホビーストック　星野みやこ 抱き枕カバー
原画：山野雅明／監修：中川洋未／仕上げ：石黒けい、呉 政宏／撮影：工藤康史

ホビーストック　白咲 花&星野ひなた 抱き枕カバー
原画：松浦麻衣／監修：中川洋未／仕上げ：呉 政宏／撮影：工藤康史

Key-th 「カーテン魂」私に天使が舞い降りた! POP UP SHOP　描きおろしイラスト
原画：中川洋未／仕上げ：伊藤裕香／背景：安田ゆかり（オリーブ）／撮影：工藤康史

メディコス・エンタテインメント
「私に天使が舞い降りた!」POP UP SHOP
描きおろしイラスト（ひなた、乃愛）
原画：澤井 駿／監修：中川洋未／
仕上げ：石黒けい／撮影：工藤康史

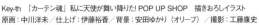

中外鉱業　描きおろし B2 タペストリー
原画：武藤 幹／監修：中川洋未／仕上げ：石黒けい／背景：安田ゆかり（オリーブ）／撮影：工藤康史

中外鉱業　グッズセット　描きおろしイラスト
原画：尾辻浩晃／監修：中川洋未／仕上げ：伊藤裕香／背景：安田ゆかり（オリーブ）／撮影：工藤康史

グッドスマイルカンパニー　ねんどろいど　白咲 花
原画：中川洋未／仕上げ：石黒けい／撮影：工藤康史

グッドスマイルカンパニー　ねんどろいど　姫坂乃愛
原画：中川洋未／仕上げ：石黒けい／撮影：工藤康史

グッドスマイルカンパニー　ねんどろいど　星野ひなた
原画：中川洋未／仕上げ：呉 政宏／撮影：工藤康史

フライングドッグ　わたてん☆5 1st ワンマンライブ「デリシャス・スマイル!」イラスト
（花、ひなた、乃愛）原画：山崎 淳／監修：中川洋未／仕上げ：伊藤裕香／撮影：工藤康史
（小依）原画：山崎 淳／監修：中川洋未／仕上げ：村田 栞／撮影：工藤康史
（夏音）原画：山崎 淳／監修：中川洋未／仕上げ：石黒けい／撮影：工藤康史
（SD 花、小依、夏音）原画：中川洋未／仕上げ：伊藤裕香／撮影：工藤康史
（SD ひなた、乃愛）原画：中川洋未／仕上げ：山本智佳／撮影：工藤康史

## 椋木ななつ先生 関連イラスト

TV アニメ化　告知イラスト

TV アニメ放送カウントダウンイラスト

TV アニメ放送後御礼イラスト

TV アニメ第 12 話エンドカード

わたてん☆5　再始動発表イラスト

「わたてん☆5 1st ワンマンライブ デリシャス・スマイル!」 パンフレット収録イラスト&描きおろしマンガ

椋木ななつ先生描き下ろしイラスト

応援してくれる
みなさまのおかげで
このかわいいがつまった
アニメ公式ファンブックが
出ました！
ありがとうございます！
これからもよろしく
お願いします！
椋木なな
星野

# 私に天使が舞い降りた！
# TV アニメ公式ファンブック

2022 年 9 月 5 日 初版発行

構成・執筆　斉藤優己（パワフルプロダクション）
執筆　水葉龍弥（パワフルプロダクション）
装丁デザイン　木村デザイン・ラボ
本文デザイン　熊谷尚子（VAC Creative）

編集　内藤望
編集協力　コミック百合姫編集部

協力（順不同）　株式会社 KADOKAWA
株式会社動画工房
株式会社フライングドッグ
株式会社エイティワンプロデュース
株式会社 WITH LINE
株式会社青二プロダクション
株式会社ラクーンドッグ
株式会社アーツビジョン

カバーイラスト
原画　中川洋未
仕上げ　芦原明音、村田栞
色彩　石黒けい
撮影　工藤康史

発行人　野内雅宏
発行所　株式会社一迅社
〒160-0022 東京都新宿区新宿 3-1-13
京王新宿追分ビル 5F
電話　03-5312-7427（編集部）03-5312-6150（販売部）
https://www.ichijinsha.co.jp/
発売元：株式会社講談社（講談社・一迅社）

印刷・製本　大日本印刷株式会社





Printed in JAPAN 2022　ISBN978-4-7580-2446-4　